讀心

我們因此理解或誤判他人意圖的心智理論

Reading Minds
How Childhood Teaches Us to Understand People

亨利‧威爾曼 Henry M. Wellman —— 著

凱倫‧琳德 Karen Lind —— 協助寫作

汪冠岐 —— 譯

前言

2007 年 3 月 5 日，美 國 國 家 廣 播 公 司 新 聞 網
（NBCNews.com）刊載了一篇文章，講的是「會讀心的科
學家能預測行為」。[1] 開頭寫道：「在德國的一間實驗室裡，
受試者被推入甜甜圈形狀的核磁共振（MRI）儀中，他們
要做的事很簡單，就是自行決定要將兩個數字相加或相
減。」同時間，隔壁房間的科學家則試著解讀受試者的想
法，在他們行動前，判斷他們打算相加或相減。判讀的依據
來自受試者的腦部核磁共振成像。這群由海恩斯（Haynes）
博士帶領的研究團隊成果相當不錯：在這個判斷相加或相減
的情境中，他們成功判讀的機率大於五成。

　　這項實驗請受試者在螢幕顯示兩組數字前的幾秒內，自
行決定要相加或相減。在這短短幾秒之間，核磁共振儀會掃
描受試者的腦部活動，提供腦部成像供研究員預測受試者的
決定，一種成像顯示有意相加，另一種表示打算相減。報導
也載明：「這項研究從 2005 年 7 月開始，研究的範圍很有

1.　這篇文章的標題為〈科學家嘗試預測他人的意圖〉（Scientists try to predict intentions）。
　　原 文 詳 見：http://www.nbcnews.com/id/17464320/ns/technology_and_science-
　　science/t/scientists-try-predict-intentions/#.XgyTset-XBJ

限，目前只有 21 人受測。而且實驗得到的 71% 準確度只比碰巧猜中的機率高出大約 20%。」

儘管如此，針對這項研究，外界反應熱烈：「我們能判斷一個人腦袋裡的意圖，這件事將我們對主觀想法的認識推入了新的境界。」賓州大學（University of Pennsylvania）精神病學教授保羅・沃爾普（Paul Wolpe）博士說道。

其中一位受試者譚嘉・史坦巴克表示：「這真的很詭異。不過我知道他們得憑藉某些儀器才能判讀，所以不會擔心路上隨便什麼人都能讀出我的思緒。」有些評論者則憂慮這項讀心能力隱含的意義，並表示：「科學家卓越的研究進展足以讓倫理學家緊張不安。」讀心術是吧——真是驚人。

然而，兩三歲小孩每天都在解讀他人的心思，就連嬰兒也能搞清楚他人的意圖，接著往下讀就知道了。小孩不需要酷炫先進的機器就能讀心；他們用的反而是普通無比、仍持續發展的認知能力，來洞察、推論人的心理狀態，也就是人的心境。其實，我們也都用如此普通但驚人的方式讀心。

這篇報導的作者提到他人的欣喜或擔憂。當朋友抬頭望著佈滿星星的清澈夜空，我們能體會她的感動。飛機上，鄰座乘客起身，奮力伸手進艙頂行李箱，我們知道他打算拿東西。等他拿出筆電，我們就明白：「原來那就是他想拿的。」我們每天都這麼做，連小孩也做得到；儘管每個人都能如

此，卻並不減損這項讀心能力的神奇和強大。此外，我們通常很擅長讀心，不需要用到昂貴的機器，也能做得比這些科學家好。我們的判斷可能會出錯，但針對簡單的事情至少有70%的機率判讀正確，例如在特定情況下推論他人的意圖，並以此預測他人的選擇。而且在其他更複雜的情況下，我們也能讀心。我們怎麼辦到的？為什麼我們會發展出這項能力？什麼時候學會的？這項能力如何影響我們的生活、影響我們對自身的看法、影響我們的行為以及和他人的互動？如果有人無法讀心，會發生什麼事？如果判讀錯誤，又會如何呢？這一連串的問題，我接著將一一解答。不過，最簡單的答案可以這麼說：讀心是我們生命的核心。

三十年來，我一直對這些問題與答案非常感興趣，也試圖尋找解答。其他很多科學家也有同樣的追求，他們惠我良多。有些人的名字不斷在本書出現，但沒有註明資料來源。這些出處收錄在每一章的註釋裡。書中引用他人的著作或故事時，我會刪去或改寫詞句，而且為了方便閱讀，並沒有使用刪節號或括號顯示更動之處，但我已盡最大的努力確保任何省略或改寫並沒有扭曲作者的原意。每一章的註釋也載明了原始、無改寫的引文出處。

這本書的完成，很大一部份歸功於這些研究者，還有參與研究的陌生人、父母及小孩。深深感謝他們。

CONTENTS 目錄

第十四章　各式各樣的故事、理論與心智

第一章

讀心術初階班

2010 年，33 位智利礦工受困超過一公里深的土石之下，17 天後被發現還活著。礦工在垂下來的電線繫上紙條，夾帶訊息回地面。其中一位礦工給太太的訊息寫著：

我們覺得會在下面餓死。你絕對無法想像，我多想跟你說我們還活著，卻無法傳達給你，令我多麼心痛。[1]

這則訊息呈現出人性最基本的一面──我們總是不斷推敲他人和自己的內心世界。在這個痛苦的情境中，情況危急，礦工的訊息內容並不多。他認為自己可能會餓死，無法和太太聯絡讓他很心痛；他心煩意亂，因為太太不知道他還活著。

此外，幾乎毫不意外，你會運用自身發展成熟的讀心能

---

1. 關於智利礦坑災難及成功救出礦工的奇蹟，可參閱《時人》雜誌的文章〈智利礦坑的奇蹟：希望與生還〉。Tresniowski, A., & McNeil, L. (2010). Chilean mine drama: Hope & survival. *People*, 74, 97-107.

力,解讀礦工的訊息,並讀出更多的意涵。你能從他的訊息裡感受到恐懼、堅定、希望和筋疲力盡。你當然無法確實知道這位礦工的心理狀態,但你知道他受困地底下長達17天;你知道他們總算被找到了,而且救援工作也已經展開。從他的訊息內容和事件的背景知識判斷,你或許會覺得他的訊息包含如釋重負的情緒,以及身心俱疲的狀態。

你能這麼做,是人所以為人的關鍵特質。我們無時無刻都試著靠近他人的心靈。我們觀察別人的言談和行為,釐清他們的想法、感受、期待和意圖。而且很驚人地,我們做得到。我們可以洞察他人的心理狀態,也能解讀、詮釋、表達我們的心理狀態,也就是向他人解釋自己、澄清自己的想法。

我們從嬰兒時期就開始學習這項普通平凡的讀心術;長大成人以後,也都持續運用這項能力。我們雖然沒有意識到,但不管快速評估或深思熟慮後論斷,我們隨時都在讀心。我們忍不住就會這麼做,而且總是會想這麼做。

對人類來說,讀心是一項非常重要的技能,因為人類本質上是社會性的動物,生活在群體中,就連最孤獨的個體都擺脫不了人際互動。我們受到父母的照顧,在家庭、社群裡成長,不斷和他人互動共事,並在意他人的行為想法。我們很自然地會想搞清楚自身所處的群體社會,以便理解自己和

他人；如此一來，人際互動就能產生秩序，也比較能掌握；否則可能會非常混亂，令人痛苦不安。

也只有人類高度發展出讀心的能力。人類學家認為，這項能力是我們演化成智人（Homo sapiens）的關鍵。[2]沒錯，這是攸關人類生存最基本的能力；研究顯示，十到十二個月大的嬰兒就開始發展這項技能。從那時候起，我們越來越擅長判讀自己和他人的心理狀態，也越來越依賴這項能力。

讀心能力在生活中如此深根蒂固，我們因此沒有意識到自己有多麼頻繁地運用這項能力。週五晚上，一家人圍坐餐桌。沒有經過讀心能力處理、眼光所及的原始感知訊息如下：

一個個塞進布料裡的皮囊分別搭在椅子上，皮囊移動的方式無法預測，且皮囊頂端有小小、晃動著的黑點，黑點下方有一個孔洞時不時發出聲響。[3]

這樣的場景詭異又陌生。但如果我們加入一些對人際互動的基本了解，那一個個皮囊就變成人，聲響就變成：「把

---

2. 其中一個例子，可參考 2015 年哈拉瑞（Yuval Noah Harari）的暢銷書《人類大歷史：從野獸到扮演上帝》（*Sapiens: a brief history of mankind*）。

3. 這段敘述來自《搖籃裡的科學家：認識嬰幼兒早期的學習歷程》（*The scientist in the crib*）。

那盤馬鈴薯遞過來。」、「飯後甜點吃什麼？」更進一步運用讀心能力理解這個狀況，我們就知道爸爸想吃馬鈴薯、女兒喜歡甜點勝過蔬菜。而從兒子坐立不安的狀態，我們幾乎可以聽到他內心在吶喊：「這頓飯要吃到什麼時候？」我們不斷運用這項平凡、強大的讀心能力，試圖搞懂別人的想法。心理學家稱這項能力為「心智理論」（theory of mind）。

心智理論讓人類與眾不同，心智理論決定了我們如何思考自己和他人。所有物種中，只有我們總是好奇、擔心其他人的疑惑、欲求和憂慮。

驚人的是，我們對人能有如此豐富多元的理解，並不是有誰將這些人情世故直接灌輸給我們，也沒有一份寫好的腳本讓我們死記硬背地學起來。我們每個人都會創造一套處理範圍廣大的心智理論，用來了解人如何互動、如何活在群體中。終其一生，我們運用這套系統讀心、理解所處的群體社會。本書的重點放在我們小時候如何發展出這套心智理論，以及這套系統如何形塑個體、突顯人之所以為人。

我們怎麼開始讀心？

我的兒子小雷[4]剛滿四歲時，有一次他跟我說：「閉上眼睛。」「為什麼？」我問他。

　　「我要做一件你不喜歡的事。」

　　小雷才剛開始學著讀心，不過因為他還太小，這項能力還沒發展完全。他明白隱瞞某些行為能幫他達到目的：因為我不知道，所以我不會反對。但他還不懂接下來的發展：我必須保持不知情，他的策略才會奏效。

　　這樣階段性的發展都能在任何小孩身上看到。父母看著小孩一步步學會爬，接著會走，然後會跑。小孩先會說話，再來能夠讀和寫。同樣地，科學家觀察小孩一步步學會解讀心理狀態。從一歲大的嬰兒身上就能發現心智理論開始發展的跡象；心智理論接著就和肢體動作或語言能力一樣，都在兒童期一步步發展、成形。

　　小雷快三歲時，有一次帶他出去玩，最後到了動物園，我們在禮品店逛了一下。他被擺在架上的布偶迷住了，有企鵝、小獅子、毛茸茸的蛇，還有長頸鹿。

　　「我要一個。」他說。

　　「你的生日要到了，可以選一個當你的生日禮物。」我告訴他。

---

4. 這是編出來的名字。我有兩個兒子，基於保護他們的隱私，書中小雷的事情其實混合了兩個兒子的經歷。

理所當然地，他生日那天打開禮物，發現了一隻小獅子布偶。但他接著開始大哭。等到他的情緒穩定下來後，他說：「可、可是，我想要的是那隻綠色、毛毛的。」

當時他在店裡指著的是綠色的鱷魚。那隻鱷魚很快地就被叫做「寶飛」，成了我們家的一份子；之後他的好朋友（寶飛二號、三號和四號）也相繼加入。當然，寶飛的想望都是透過小雷傳達。

了解並堅持自己的欲求是心智理論發展的初步階段。我想大部分的家長都記得小孩「可怕的兩歲（terrible twos）」時期。這個時期的小孩初次發現他們的想望和父母不同，他們也開始激烈地透過口頭表達堅持自己的想法。寶飛就是透過這種方式來到我們家。如果小雷只有十二個月大，就不會了解自己能擁有和父母不同的想法，並且可以表達出來。

解讀他人的心理狀態

明白自己和他人的欲求後，小孩接著開始預測其他人會怎麼想。以小雷來說，當他叫我閉上眼睛，他想的大概是：「如果爸爸看到了，會知道我正在做他禁止的事。」我們讓小雷在我密西根大學（University of Michigan）的兒童實驗室進行了一項典型的心智理論測驗。這個測驗就和預測他人想法的能力有關。測驗的過程如下：首先，我們展示了兩個

盒子給他看。一個是糖果盒，另一個是白色盒子。我問他糖果盒裡裝著什麼東西，他說：「糖果！」。但他打開糖果盒時，卻發現裡面是空的。相反地，白色盒子裝滿了糖果。

接著，在我的研究助理葛蘭達進來之前，我把盒子都關上。我跟小雷說：「葛蘭達超愛吃糖果。」葛蘭達在一旁拚命點頭。「你覺得葛蘭達會去哪裡找糖果呢？」

小雷在三歲半時第一次接受這項測驗，剛滿五歲時再做了一次。這段期間，他的能力產生巨大的改變。三歲半的小雷，以及其他差不多年紀的小孩，都說葛蘭達會打開白色盒子找糖果，因為他們知道糖果都在白色盒子裡。

這個年紀的小孩明白大家可以有不同的想望，所以才有「可怕的兩歲」這個說法。但是，這時候的他們通常認為大家都會有相同的想法。他們知道糖果在哪個盒子裡，所以葛蘭達當然也知道。我們因此也不意外，這個年紀的小孩會認為，父母知道他們把鞋子放在哪、他在托兒所發生了什麼事、自己是否有確實洗手；就算這些事發生時，父母都沒在旁邊。

那五歲小孩的情況是怎樣呢？80% 的五歲小孩表示，葛蘭達會打開糖果盒找糖果，小雷第二次接受測驗時也這麼回答。經過這一年半的發展，小孩能區分葛蘭達和自己的想法了。他們明白，如果葛蘭達想要找糖果，會先打開她認為

有糖果的盒子，也就是糖果盒。葛蘭達的行動來自她不正確的看法，而不是糖果的實際狀況。葛蘭達對於哪裡可以找到糖果的看法是錯的，也就是抱持了一個「錯誤信念」（false belief），而五歲小孩能順著她的思路預測她的行為。

很聰明吧？無庸置疑。不過其實地球上每個社會中的每個小孩都會發展出這樣的能力，輕而易舉、毫不費力。儘管小孩都能簡單學會讀心能力，這些發展階段都是人類讀心能力的基礎。要形成心智理論並非順暢無阻，而複雜的形成過程則顯示出我們如何理解人類社會性心理的運作方式。其實，心智理論的發展過程呈現了我們如何成為人。

沒有心智理論，我們就無法和他人合作、競爭，無法理解自己、交朋友，沒辦法學會說謊、欺騙、假裝，和機器人或智慧型手機互動；沒有心智理論，人們也不會普遍喜愛八卦。為什麼有人信仰某個宗教、有人卻是無神論者；為什麼有些人成為小說家、大家都喜歡聽故事；為什麼恐怖片有人喜歡、有人討厭；這些歸根究底都回到心智理論。

心智理論可能會出錯

認識心智理論的第一步，就要先了解這是一套理論系統，不代表現實真正發生的狀況。你現有的心智理論就像一顆鏡頭，篩選你擁有的所有資訊，針對當下的情況提供最好

的詮釋。有時候如果這顆鏡頭失焦，你就會得到錯的詮釋，不管是對自己或對他人的詮釋。從四歲的亞當吃膠水這件事就能明白：[5]

亞當：「我不喜歡這個。」

他媽媽：「那為什麼你要把它放到嘴巴裡？」

亞當：「我以為那很好吃。」

亞當原本認為膠水會是個美味的點心。但後來發現他錯了，他之前抱持著一個錯誤信念。現在他有了新的想法：想要吃點心，別去拿膠水瓶。

我們小時候大部分的時間都在努力理解自己想要什麼、不想要什麼，同時也在搞清楚我們的想法什麼時候正確，什麼時候錯誤。同時，我們也試著弄明白發生在別人身上的這些事。長大成人後，這件事也持續不斷。

舉個簡單的例子，你送了一件輕柔的藍色安哥拉山羊毛披肩給你的阿姨。你覺得阿姨會喜歡這件披肩，所以挑了這件。不過當阿姨打開禮物，儘管她努力掩飾，她的表情已經

5.　除了我和兒子的對話，本章及後續章節大部分的親子對話都來自我和凱倫・巴奇（Karen Bartsch）1995 年出版的著作《從童言童語理解兒童的心智》（Children talk about the mind）。

清楚告訴你，這不是一份好禮物。這時候，你的心智理論再次運作。她為什麼不喜歡這件披肩？難道她討厭藍色？還是她對安哥拉山羊毛過敏？或者她認為披肩是老女人才會穿戴的配件，而她不想被歸類成老女人？你這時正在尋找更多的資訊給心智理論分析，好讓你更了解阿姨。

你的禮物讓阿姨失望、葛蘭達沒找到好吃的糖果、亞當誤吃膠水，這些事情都很不幸。然而，心智理論會出錯這件事也可能是導致悲劇發生的關鍵。

《羅密歐與茱麗葉》這個傳唱好幾百年的故事追根究底就是心智理論推斷錯誤。故事的結局源自一個致命的錯誤信念。

因為兩家是世仇，羅密歐和茱麗葉只能偷偷結婚，並且得逃離家鄉、擺脫互相敵對的家族親戚。羅密歐必須馬上逃走，不過他會回來協助茱麗葉離開。他離開後，茱麗葉想出了一個計畫。她服用了一劑特效藥，能讓她在幾天內呈現假死狀態。等到她被埋葬在家族的地下墓室後才會醒來，而羅密歐會到那裡跟她碰面，兩人就能一起逃走。但是羅密歐並不知道茱麗葉吃了藥。羅密歐發現她時，茱麗葉看起來已經死了。深陷絕望的羅密歐不想在沒有茱麗葉的世界繼續活下去，所以毒死了自己。茱麗葉之後醒過來，發現羅密歐死了，也隨後自我了斷。

這痛徹心扉的悲劇起因於羅密歐的錯誤信念，這個錯誤讓戲迷悲痛了幾百年。不過有趣的是，除去這部戲複雜的部分，連五歲的小孩都能理解，讓羅密歐採取行動的想法是錯的。能明白錯誤信念，意味著小孩的心智理論發展向前邁進了一步；他們的心智理論也會持續發展，最後形成專屬於自己、組織完備、不斷運用的成人心智理論。

然而，有少數人並不會發展出這套心智理論系統，我們能從這些人身上學到的東西，和一般小孩及莎士比亞給我們的一樣多。

沒有讀心能力的日常：自閉症與心盲特質

天寶・葛蘭汀（Temple Grandin）大概是世界上最知名的高功能自閉症患者。雖然葛蘭汀聰慧無比、成就斐然——她是美國科羅拉多州立大學（Colorado State University）的動物科學教授，但她就像其他自閉兒一樣，並沒有發展出一般人都有的心智理論。葛蘭汀完全無法解讀他人心理狀態，擁有「心盲（mindblind）」的特質。[6]

葛蘭汀和其他自閉症患者讓我們知道，沒有心智理

---

6. 這個詞是由賽門・拜倫柯恩（Simon Baron-Cohen）所創，用於他 1995 年出版的自閉症著作《心盲》（Mindblindness）。

論、無法讀心的生活大概是什麼樣子。用葛蘭汀自己的話來說，她就是無法「理解」人類社會化的行為和人際互動。她試著理解，一點一滴拼湊，但是以一個局外人的身份這麼做。「很多時候，我覺得自己像是火星上的人類學家。」1993 年和奧立佛・薩克斯（Oliver Sacks）[7] 的訪談中，葛蘭汀這麼說道。[8]

　　和薩克斯的對談中，葛蘭汀提到她早期的一項計畫，當時她要打造首座人道牛隻屠宰場。雖然經過她縝密的研究和計畫，屠宰場首次完工營運後，設備仍故障頻傳。為什麼會這樣呢？

　　葛蘭汀仔細追究每個可能的環節，想要找出原因。刪去一個又一個因素，最後她發現唯一不變的是一位名叫約翰的工人[9]。直到此刻，她才想到，當時的畜牧業是男人的天下。身為女人又是社會異類，她注定引來嫉妒和懷疑，也必然招來他人的惡行——她之前從來沒想過這個原因。「當時我得學會懷疑別人。」

讀心：我們因此理解或誤判他人意圖的心智理論

7. 譯註：英國著名醫生、生物學家、腦神經學家、作家。著作《火星上的人類學家》（An Anthropologist on Mars）呈現七位腦神經異常者的生命故事，天寶・葛蘭汀就是其中一位。

8. 奧立佛・薩克斯訪問天寶・葛蘭汀的內容請見 1996 年出版的《火星上的人類學家》。葛蘭汀的官方網站有葛蘭汀簡短的生平介紹：http://www.grandin.com/temple.html。她也出版了兩本自傳：《星星的孩子——一個畜牧科學博士的自閉症告白》和《星星的孩子：自閉天才的圖像思考》（Thinking in pictures: My life with autism）。

9. 譯註：葛蘭汀發現唯有約翰輪班的時候機器才會故障，因此推斷約翰一定在破壞設備。

薩克斯在這篇訪談中寫道：「因為她既天真又好騙，天寶一開始是各種作弄和剝削的箭靶。她容易受騙上當，因為她無法理解人們的掩飾和偽裝。」因為她患有自閉症，她無法想到要深究其他人的動機，或懷疑這些動機有可能對她不利。葛蘭汀也提到，《羅密歐與茱麗葉》的故事讓她十分困惑。她告訴薩克斯：「我完全搞不懂他們在幹嘛。」

　　不管是性格、生活史或能力，自閉症患者的情況各不相同。由於自閉症的症狀及缺陷涵蓋範圍很廣，專家表示這些自閉症患者都屬於自閉症光譜（autism spectrum）的一環。高功能自閉症患者的語言能力和智商能達到平均或高於平均的水準。自閉症患者還是會成長、改變，但他們的發展混亂失調。

　　這就是天寶・葛蘭汀的狀況。她三歲時怎樣都不會講話，這往往預示著未來發展非常有限。學齡前的葛蘭汀被診斷出腦部受損，被安排送入養護機構。但她的母親拒絕這項安排，並自行替葛蘭汀規劃個別語言治療及特殊、密集的學校教育課程。葛蘭汀漸漸地「嶄露頭角」（emerge）[10]。1986年，她出版了自傳《星星的孩子——一個畜牧科學博士的自閉症告白》（*Emergence: Labeled Autistic*）。「我慢慢的就能掌

10. 譯註：emerge 一詞在這裡的意思為發展、成長，表示自閉症孩子還是能學會新技能、有所發展。原文借用了葛蘭汀自傳的書名。

握語言，一次只有一兩個字。在這之前，我只會尖叫，不會說話。」葛蘭汀現在口語表達流利，也成為知名的畜牧管理設備設計師。[11]

葛蘭汀的成就在自閉症患者中很不尋常，但並不因此減輕一直以來嚴重的問題：理解他人並和他人互動。人際互動總是讓她感到困惑。只有經過好幾年的時間，葛蘭汀才硬生生地學會一些人情世故的處事方式，這些處事原則一般人毫不費力就能理解。她也發展出幾個方法彌補自身心智理論的缺陷。

英國自閉症專家烏塔・弗里思（Uta Frith）寫道：「自閉症不會痊癒。自閉症患者可以，也常常會因應自身缺陷發展出不錯的補償機制，但缺陷永遠存在，無法矯正或代換。」也就是不可能痊癒，不可能「越長越大缺陷就不見了」。[12]

葛蘭汀曾說：「如果我能彈一彈手指就變得沒有自閉症，我也不會這麼做——因為這樣我就不是我了。」儘管如此，她仍悲傷地寫下生命中缺失的一部份：

11. 根據葛蘭汀的官方網站說明，她設計的畜牧設備遍佈美國、加拿大、歐洲、墨西哥、澳洲、紐西蘭和其他國家。她設計的系統幾乎包辦北美洲一半的牛隻屠宰。

12. 請參考烏塔・弗里思著作《破解自閉症之謎》（*Explaining the enigma*）。

我無法融入小鎮或大學裡的社交生活。所有和我有互動、接觸的人幾乎都是畜牧相關人士或對自閉症有興趣的人。大部分週五和週六的晚上，我都拿來寫報告、寫論文。我感興趣的事物都和事實有關，我的休閒讀物幾乎都是科學和畜牧相關的出版物。對小說、小說裡的人際關係，我沒什麼興趣。

她總結：「如果沒有我現在這份充滿挑戰性的職業和志向，我的人生應該會很悲慘。」

葛蘭汀證明了沒有心智理論人仍然可以過活。但她也提醒了我們，在一個大家都有辦法理解、判讀他人的想法、欲求和感覺的世界裡，一個人如果沒有發展出這套大家天天都在用的讀心機制，會是什麼樣子。

讓我們拭目以待：本書概覽

心智理論從未在兒童發展中缺席。心智理論不只是兒童（還有嬰兒、猩猩或成人）在多項實驗室測驗中表現得如何，心智理論也遠比實驗室裡發生的事有趣太多了。發展出心智理論是人類最驚人的智力成就，如此重要又根本的人類成就。當我們理解這些小時候發展出的讀心機制如何演變為成人的強項、本領或盲點、短處後，就更能體會心智理論的

驚人之處了。

這本書呈現了一般兒童如何一步步學會解讀心理狀態；這是一系列的發展，有階段步驟、能預測，而且非常迷人。每個階段若沒有充分發展，對兒童以及最終長成的大人，都會有負面影響；影響層面非常多元，包括能否展現良好的社交能力、建立完整的生命故事、確實享受戲劇與電影，以及過自己想過的人生。理解了心智理論發展的每個階段，我們就能更明白人性的本質、更了解我們的小孩及童年時的自己，也更能從他人身上交流學習，並且能將我們的人際網絡處理得更好。

這本書裡，我追溯了以下兩者的關聯：三歲小孩對「假裝」的初步體認，以及小說家如何透過虛構來建立現實。我呈現了六歲小孩對超級英雄的認識如何聯繫到神學家對上帝和來生的觀念。我也提及，小孩快速意識到自己的感受及想法不僅和「恐怖的兩歲」階段密切相關，也和小孩對受難、痛苦產生自發的同情有關，而且也隨後發展出成人的道德和法律判斷。

要闡述上面這些內容，本書將會提及騙子、科學家、可愛的小孩、不同的文化、平凡普通和特異非凡的個體、大腦的運作，還有嬰兒、狗、黑猩猩心智運作的方式。本書將帶你認識兒童如何靠著不斷發展的心智理論，變成政治家、科

學家、能合作互助的隊友或說謊的騙子。

本書探問了和人際互動、群體社會有關的問題，這些問題的答案也來自兒童期開始發展的心智理論。像是，為什麼我們著迷於八卦？為什麼我們會彼此交談，甚至我們會對著寵物或裝置說話？為什麼媒體、童書、對自我的認識都充滿了故事？關於來生、幻想的朋友，還有對神祇、自我認同、全知全能的信仰又是怎麼一回事？

我沒有遇過誰不對人感到好奇。本書能滿足這份好奇心。

第二章

讀心術、八卦和騙子

不管哪個社會或文化的人都喜歡八卦。透過分析人們在購物中心、地鐵車廂、機場候機室的談話內容，研究顯示，聊八卦占了我們說話時間的65%。不論說話者的年齡、性別，研究結果都如此。

當然一定會有例外。天寶·葛蘭汀就提過，閒談聊天讓她感到無聊、厭煩。對青少年時期的她來說，同儕之間的互動既空洞又無意義，女孩們總是聊衣服、男友，還有誰對誰說了什麼。「我當時不懂為什麼她們會花好幾個小時談論沒什麼實質內容的東西。」[2]

但對我們來說，八卦永遠都很精彩——精彩到科學家都想知道為什麼大家如此著迷。

靈長類動物的 DNA 害我們愛聊八卦？

---

1. 請參閱羅賓·鄧巴（Robin Dunbar）的著作《哈啦與抓虱的語言：從動物相互梳理、人類閒聊解讀語言化》（*Grooming, gossip, and the evolution of language*）。

2. 請見奧立佛·薩克斯的《火星上的人類學家》。

人類學家羅賓‧鄧巴在他的著作《哈啦與抓虱的語言》中表示，聊八卦在靈長類動物的遺傳中其來有自，而且人類則是非常擅長講八卦的靈長類動物。

八卦、小道消息通常都不太受到重視，總是被視為不實、沒有根據的閒言閒語。但八卦其實就是任何關於某人的資訊，不論好壞、不管真假。八卦之所以這麼吸引我們，有一部分是因為這些小道消息給我們很寬廣的空間去了解更多人內心的想法，這些人我們不可能一一去認識。

八卦刊物在美國歷史悠久。1930 至 1950 年代，盧艾拉‧帕森斯（Louella Parsons）和赫達‧霍普（Hedda Hopper）分別在報紙專欄撰寫好萊塢明星的八卦。至於安‧蘭德斯（Ann Landers）、卡洛琳‧哈克斯（Carolyn Hax）和艾比蓋爾‧范布倫（Abigail VanBuren）撰寫的問答專欄則談論更一般人的八卦。就算專欄提供的建議我們不見得用得上，我們還是會讀這些專欄內容，因為專欄讓我們一窺其他人的生活和遭遇到的困難。

美國雜誌《時人》（*People*）就從前述這些文章發展而來，雜誌本身幾乎只有八卦，而這是美國最暢銷的雜誌之一。2017 年，《時人》雜誌的發行量位居第九。《樂齡會》

（*AARP*）³ 雜誌居冠，而《運動畫刊》（*Sports Illustrated*）排名第十二。

《時人》雜誌除了〈三個真相一個謊言〉（3 Truths and 1 Lie）的短文揭露小道消息，也針對個人撰寫長篇幅的文章，大量引述撰寫對象的說詞。最近《時人》雜誌訪問伊娃·朗格莉亞（Eva Longoria）的部份內容如下：

> 我很幸運很早就認識「志工服務（**volunteer**）」這個詞。這個詞是我家庭的一部份。我創辦了伊娃·朗格莉亞基金會（**Eva Longoria Foundation**），我知道我想把重點擺在教育這一塊。我調查了一下美國哪一個族群教育程度最懸殊，結果發現是拉丁裔女性。我就想：「我自己就是拉丁裔女性啊，而這個族群需要幫助。」⁴

《時人》雜誌雖然引用了這段話，但這篇文章的重點不是報導朗格莉亞真的做了什麼，而是她在想什麼；這就是在八卦伊娃·朗格莉亞。《時人》雜誌八卦的對象也包括美國總統川普和第一夫人梅蘭妮亞，或是名媛卡戴珊一家（the

讀心：我們因此理解或誤判他人意圖的心智理論

---

3. 譯註：AARP（American Association of Retired Persons）創立於 1958 年，是全美最大、專為 50 歲以上人士服務的非營利組織。

4. 伊娃·朗格莉亞的引言出自《時人》雜誌（2016 年 2 月 22 日）第 36 頁。

Kardashians）。《時人》雜誌讓我們有機會一窺這些人的思考方式、想法、期待、失落和夢想（也可能只是片面的猜測或推斷）。

雖然《時人》雜誌的主要讀者群為女性，但不是只有女性喜歡打聽小道消息並到處散播。我就有訂閱《運動畫刊》，這也是一本八卦雜誌，鎖定熱衷運動的讀者，並（主要）針對男性。

《運動畫刊》的內容很少純粹只講比賽狀況、季賽賽事或運動場上新破的紀錄。重點也不在球員的攻守紀錄、誰又進了傷兵名單。《運動畫刊》反而側重運動員、球隊經理、教練和球隊怎麼應對運動傷害和比賽的輸贏。這些事件讓讀者有機會一探他人的生活、內心世界和職涯規劃。

第 50 屆超級盃的系列文章就是再典型也不過的例子。這次超級盃可能是培頓・曼寧（Peyton Manning）生涯的最後一戰，丹佛野馬隊（Denver Broncos）會因為曼寧的放手一搏而奪冠嗎？如果真的贏了，更能確立曼寧在球壇的地位嗎？奪冠會是這高潮迭起的一季或一代名將生涯最合適的句點嗎？

這幾篇文章話說從頭，回頭講已經三十九歲的曼寧如何在非常不同的進攻體系中，重新打造自己成為不一樣的四分衛。這些文章也娓娓道來曼寧這次比賽的細節，包括球季初

曼寧的慘況（9場比賽就被攔截17次，而且只達陣9次）、坐冷板凳（生涯首次被換下場）、受傷、捲土重來，以及野馬隊之後一連串的勝利，最後並在超級盃奪冠。

此外，找曼寧加入丹佛野馬的總經理約翰‧艾維（John Elway）又該怎麼評價呢？而且也別忘了曼寧和艾維兩人特殊的情誼是如何形成的。這一連串的內容就是涵蓋最廣的八卦形式，有時也是八卦最好的呈現方式。

八卦之所以成立，是因為我們的心智理論。閒聊講是非不單只是跟別人講話的社交行為。而是社會認知（social cognitive）行為，透過聊八卦，我們了解其他人的打算、怪癖、喜好、信仰、好事或壞事。聊八卦——不管直接透過對話，或間接以不同媒體——顯示出我們生性喜歡了解人的行為、生活和內心想法，也說明了我們的心智理論如何運作。八卦的需求，催生自我們的「思考－欲求」理解機制。

讀心術進階班

我們從很小的時候，就試著解答為什麼這個人是這樣的一個人、為什麼做這樣的事，而我們透過研究對方的想法、欲求、意圖和感受來找答案。我們組織這些訊息，放入心智理論中，這是一個幫我們理解這些訊息的系統架構。

我們一般對他人的理解由三大類別組成：他人的想法、欲求和行為。我們相信人的想法和欲求會影響人的行為。例如，從伊娃・朗格莉亞的話：「我想把重點擺在教育這一塊……我就想：『我自己就是拉丁裔女性啊，而這個族群需要幫助。』基於她的想法和欲求，她採取行動創了伊娃・朗格莉亞基金會來「幫助拉丁裔女性透過教育改善生活」。

同樣地，約翰・艾維認為，就算曼寧已經快四十歲了，也還是能再贏一次世界盃。艾維想要勝利落腳丹佛、丹佛野馬隊、以及曼寧。所以他做了什麼呢？他找了培頓・曼寧進丹佛野馬隊。

不是只有專家才懂的日常心理學

我們透過人際互動和八卦等事物，發展出一套最基本、普通的理論，來解讀人的行為表現。我們不是從正規教育中學會的，這一套理論不牽涉到本我或超我的概念、諮商治療與心理疾病，或是腦科學和賀爾蒙運作。這一套理論很普通、很基於常識，所以也稱為日常心理學（everyday psychology）或直覺心理學（intuitive psychology）。

我們的日常心理學包含前述的「思考－欲求」機制，其中，想法和欲求是兩大基本類別，兩者分別包含次類型和細項。

想法	欲求
意見	偏好
理解	盼望
信念	動機
猜測	傾向
信仰	渴望
疑惑	義務

　　從你自己的經驗出發，你一定知道想法、欲求和行為，並不只有以上這些。想法和欲求會產生情緒、衝動、感知；伴隨行為而來的則是反應。從上述種種，我們發展出心智理論——針對人際社會如何運作的一套解釋，請參考圖2.1 的說明。

　　若將這套架構套用到羅密歐身上，就會產生圖2.2。因為羅密歐深愛茱麗葉，他想和她廝守終生。因為他曾目睹自己的親戚和茱麗葉的家族成員起衝突，他知道家人絕對會強烈反對兩人在一起。所以他暗地裡和茱麗葉結婚。和茱麗葉在一起時，他欣喜若狂；兩人被迫分開時，他痛苦難耐。

心智理論

感知 （所見我聞等）	產生	想法 （信仰、理解、想像）	兩者混合產生	行為 （碰撞、進食、抓取）	導致	反應 （開心、難過、驚訝）
情緒、 心理需求 （愛、恨、飢餓）	產生	欲求 （心願、期盼、渴望）				

圖 2.1：我們用來理解人類行為與動機的概念，以及概念之間的因果關係。

羅密歐

感知 （看到兩家的衝突）	產生	想法 （知道家人不會接受茱麗葉）	兩者混合產生	行為 （秘密結婚）	導致	反應 （和茱麗葉在一起時欣喜若狂；分開時痛苦難耐）
情緒、 心理需求 （深愛茱麗葉）	產生	欲求 （渴望和茱麗葉常相廝守）				

圖 2.2：依照圖 2.1 的架構，分析羅密歐的狀況。

這個架構也能讓我們解釋、預測行為。可以從右到左解釋一件事怎麼發生的，或從左到右預測他人將採取什麼樣的行動。

例如，我們可以解釋：為什麼羅密歐想和茱麗葉在一起？因為他深愛著對方。為何兩人要秘密結婚？因為他曾目睹親戚和茱麗葉的家族成員起衝突，深知家人會激烈反對兩人成婚。

我們也可以預測：兩人結婚時，羅密歐的感受如何？他應該非常快樂，甚至欣喜若狂。兩人被迫分開時，羅密歐的感受又是如何？他一定覺得痛苦無比。

情緒和生理狀態大大影響我們的欲求、想望。感知和經驗則成為我們想法的基礎。行為產生結果，並引發其他反應。我們認為人就是這麼運作的，這套觀念就是心智理論的基礎；我們用強大的心智理論搞懂我們所處的人際網絡。在

人際關係中打滾求生存時，我們反覆運用這套架構，而且通常並不自覺。因為我們熟悉這套系統如何運作，我們能理解《羅密歐與茱麗葉》，能聽得懂八卦，明白人的意圖、行為、情緒、想法和渴望。這套系統讓我們能讀心。

透過心智理論，我們準確地預測和解釋很多事情；但有時候也會解讀錯誤，就像羅密歐認為茱麗葉已經死了。認為我們的解釋總是正確、預測永遠準確當然很好，這麼想能帶給我們安全感，讓我們覺得對人事物有所掌握，這也是我們形成心智理論的根本原因。

不過，科學家也發現我們對某些領域的解釋和預測其實特別站不住腳。其中有個明顯的例子，我們都希望解讀正確，而且也都滿確定沒有出錯，但結果其實卻出乎我們意料之外。研究顯示，我們其實都非常不擅長偵測騙子，不管誰都一樣，沒有例外。心智理論有時候大顯身手，幫我們產生合理有力的預測和解釋；但有時候也透過誤導我們展現威力。

謊言，該死的謊言，和欺騙

2003 年 2 月 5 日，時任美國國務卿的科林・鮑爾（Colin Powell）在聯合國安全理事會全會上發表演說，說

明美國將對薩達姆‧海珊（Saddam Hussein）採取軍事行動，出兵伊拉克。[5]鮑爾表示：「毫無疑問，海珊政權擁有生化武器，而且有能力製造更多生化武器。」

接著，他說自己「確信」海珊正想辦法取得核子武器。鮑爾聲稱，海珊正向西非國家尼日收購大量俗稱「黃餅（yellowcake）」的氧化鈾，以用來製造核武；而且伊拉克已經擁有，並且正積極研發更多「大規模毀滅性武器」。

因為鮑爾的背景、資歷和地位，他的演說聽來格外鏗鏘有力。一百八十七公分高的鮑爾腰桿挺直，流露出四星上將的風範。鮑爾在美國總統老布希任內擔任參謀首長聯席會議主席，是至今最年輕的主席；他曾主導波斯灣戰爭的沙漠風暴行動，這是美國第一次入侵伊拉克。當時，鮑爾以美國國務卿身份在聯合國發言，他代表的形象是小布希內閣的溫和派。他的軍事觀點以及公認的軍事「現實主義者」身份，更進一步鞏固他的專業形象。他說的話再可信不過了。

然而，鮑爾向聯合國、美國人民報告的大部分內容都是假的。其中的錯誤包括，伊拉克政府既沒有大量囤積大規模毀滅性武器，也沒打算收購黃餅。

5. 凱倫‧德揚（Karen DeYoung）撰寫的《軍人的一生：科林‧鮑爾傳》（*Soldier: The life of Colin Powell*）是一本很不錯的參考資料，這本傳記紀錄了鮑爾的生平，以及他在出兵伊拉克的決策中扮演的角色。至於鮑爾自己的說法，可參考他和東尼‧科茲（Tony Koltz）合著的《致勝領導：鮑爾的人生體悟》（*It worked for me: In life and leadership*）。

眾多人事牽扯而形成「自願聯盟」[6]，發動伊拉克戰爭，鮑爾深陷其中。關鍵角色包括美國總統小布希、副總統錢尼、國防部長倫斯斐等等。現在回頭檢視能清楚發現，這一切充斥著欺瞞、謊言和假消息。時至今日，中東仍無法擺脫當年戰爭造成的浩劫，大家仍在討論這幾位關鍵人物對發動戰爭的理解、在這件事中扮演的角色，還有動機。長年擔任鮑爾參謀的勞倫斯・威克森（Lawrence Wilkerson）上校事後表示，他在不知情的狀況下參與了這場欺瞞美國人民的騙局。

越來越多假消息的事證浮上檯面後，美國參議院情報委員會展開調查。調查報告詳細描述美國國務院檯面下針對鮑爾的聯合國演說激烈的爭論。

鮑爾發表演說前，美國國務院分析師就已經發現很多錯誤，例如收購黃餅一事就非事實，但只有幾處內容有修正。鮑爾之後也承認，他在聯合國的演說內容並不精確，他表示報告的內容有時「刻意使人誤解」。

鮑爾的不實陳述或許可以怪罪鮑爾的手下，鮑爾也可能知情，故意說出不實資訊。1989 年 8 月，遠早於鮑爾發表演說的好幾年前，《大觀》雜誌（*Parade Magazine*）刊登了

讀心：我們因此理解或誤判他人意圖的心智理論

6.　編按：「自願聯盟」（coalition of the willing）是由美國主導，組織多國部隊入侵伊拉克的國際聯盟，成員有 48 個國家。

鮑爾的〈領導的十三條守則〉。第六條就是：「不要讓有害的事實妨礙好的決定。」

我個人認為鮑爾徹頭徹尾被騙了，不過不管真相如何，這整件事的重點在於：新聞記者、歷史學家、政治人物和數百萬美國人、非美國人花了大把時間，試圖評判伊拉克戰爭關鍵人物的意圖、欲求、抱負、對事件的了解、疑慮、期望和感受。我們對鮑爾、小布希、錢尼等人的揣測就體現了我們生活中無法避免、持續不斷的一部份。我們必須理解他人的心理狀態，我們也想解讀他人的心理狀態。

「無法避免、持續不斷」不是誇飾，更甚至可能沒掌握到心智解讀的重要性。絞盡腦汁揣測他人的內心世界，像是鮑爾的意圖、信念、決定及是否知情，占了我們每天生活中非常大一部份。

以鮑爾的狀況來說，不管其他事怎樣，很明顯的是鮑爾受騙了，而且可能被騙了很多次。我們會懷疑鮑爾蓄意誤導我們，因為我們不相信鮑爾沒有發現這些謊言。他有多年的經驗解讀、評斷他人言行舉止，並長期評估軍事情報、情報來源。他這麼專精軍事和政治，一定能發現這些謊言。然而，從他受騙的程度來看，他並沒有偵測到這些謊言。從我們被他欺騙的程度來看，我們也沒有發現這些謊言。

為什麼呢？

如何辨別騙子？

我們常常判斷誰在說謊，研究也顯示我們對自己的判斷很有信心。我們知道謊言是什麼——謊言代表有意欺騙，而且我們一生中有數不清的經驗，試著不讓自己受騙。然而，奇怪的是，身經百戰卻不會讓我們變成測謊專家，我們經驗豐富卻仍不在行。

大部分人偵測騙子的心智理論大概長這樣：說謊會讓騙子的內心激烈翻攪。（我可能會被識破，得提高警覺，確保捏造的事不會前後矛盾。）說謊讓騙子緊張、焦慮。這樣的緊繃讓人遲疑、汗如雨下、坐立難安，並且避免眼神接觸。研究顯示，幾乎所有人都信這一套——但這卻不是事實。

很多測謊研究常進行一個實驗程序：找人來講一件自己親眼目睹的事情，並把描述的過程錄下來。有些人如實描述，有些人則不坦誠相告。之後將錄影畫面播放給其他成人看，請他們評斷錄影畫面裡的人在說謊還是說實話。

這些研究裡的評斷者大多都很肯定哪些人在說謊。他們表示，騙子的眼神游移不定，表現得浮躁緊張。

不管哪個地方的評斷者都認為這些行為都顯示對方在說謊。社會心理學家查爾斯‧邦德（Charles Bond）目前任教

於德州基督教大學（Texas Christian University），在心理學和統計學領域著作豐厚。他在一篇學術論文中提到，58個國家中有51國的人最常認為游移不定的眼神和欺騙有關。很多人也認為肢體動作變多、焦慮煩躁、變化姿勢，還有提高音調、口誤都表明對方在說謊。我們都一致、肯定地認為說謊時人會如何表現，就和小木偶的鼻子一樣顯而易見。

然而，儘管我們如此確信，上百個研究顯示，我們超級不擅長分辨謊言和騙子。有些研究用錄影畫面進行實驗，有些則採用面對面講述的方式；有些實驗的受測者為普通大學生，有些則請「專家」來評斷，像警察、偵訊專員。所有研究的受測者不僅一再辨別失敗，指認的表現也很糟糕。

義大利科學家貝拉·狄保羅（Bella Depaulo）研究欺騙這個主題超過20年，她和查爾斯·邦德合作，蒐集這些研究資料，統合成一個大的研究，進行「整合分析」（meta-analysis）。[7]他們從這些研究中得出結論，成人判定騙子的平均成功率為54%。換句話說，只比隨機猜測的50%成功率高一點點而已。至於工作得時常判斷他人是否說謊的專業人士，像是警察等等，他們的表現其實跟沒受過訓練的二十

---

7. 偵測謊言的整合分析請見 Bond, C., & DePaulo, B. (2006). Accuracy of deception judgments. *Personality and Social Psychology Review*, 10, 214-234. 也可參考這篇評論性文章 Hartwig, M., & Bond, C. F. (2011). Why do lie-catchers fail?, *Psychological Bulletin*, 134, 643-649. 查爾斯·邦德提到幾個公認和說謊有關的行徑出現在644頁。

幾歲成人差不多，沒有比較好。

由於我們一般都認為騙子有一定的行為模式，這些結論看起來很不可靠，而且這些研究也可能誤導受測者，因為實驗的情境和真實生活差太多。也或許這些研究讓人覺得無足輕重，受測者根本沒認真辨別誰在說謊。

保羅・艾克曼（Paul Ekman）和他的同事針對這些疑慮進行了一項研究。[8] 艾克曼是加州大學舊金山分校醫學院（University of California San Francisco School of Medicine）的榮譽教授，他的研究生涯超過 40 年，已是學界赫赫有名的人物；另外，以他自己的話來說，艾克曼也協助政府單位「抓謊」，是聞名警界、美國聯邦調查局、美國特勤局的專家。

他早期進行了一項實驗，請仍在改讀護理專業、畢業能成為護士的學生參與。他設計了一個情境，在這個情境中這些學生很難隱瞞真實的感受和認知，但他們卻得盡力不流露真情。艾克曼給學生的情境如下：

假設你在急診室輪班，有個媽媽帶著受重傷的小孩衝進來。就算你知道這個小孩正承受莫大的痛苦，且存活的機會

8. 如果想了解艾克曼如何描述自己的研究，可參考《說謊：揭穿商場、政治、婚姻的騙局》（Telling lies）。英文版 2001 年第三版有新增幾章 1985 年初版沒有的內容。護士學生實驗的引文出自英文版的第 55 頁，湯姆・布羅考的引文則出自第 90 至 91 頁。

渺茫，你也不能表現出你的悲傷和絕望。在醫生來之前，你必須隱藏你的感受，保持鎮定安撫這位母親。這個實驗讓你有機會測試你的能耐和練習這項能力。

首先，你會先看一部讓人感到愉快、舒適的影片，畫面會出現色彩斑斕的海景。觀看時，你必須向一位訪談對象直接描述你的感受。這位訪談者無法看到你在看哪一部片。接著，你要看另一段影片，影片內容可能是你未來從事護士這一行會遇到最糟的情形。觀看這些畫面時，你必須隱藏你真實的感受，好讓訪談對象認為你在看另一部令人感到愜意的影片。你可以說影片正在播放舊金山金門公園盛開的美麗花朵。總之，盡你所能隱藏你的真實感受。

艾克曼播給學生看的可怕影片呈現了一位受劇烈疼痛折磨的燒傷患者，並剪接一段血淋淋、難度極高的外科截肢手術片段，看起來好像那位燒傷患者也要接受截肢手術。「這是我們能找到最可怕的影片。」艾克曼表示。

因為這些學生才剛開始接受護士的專業訓練，並未接觸過可怕的醫療現場，也沒有機會做出有時必要的欺瞞行為。這樣看來，辨別謊言的工作應該簡單不少。另一方面，由於這些學生都希望達到護士專業訓練的要求，而且這個實驗也和專業訓練相關。此外，雖然學生都在假裝，但假裝的同時，他們會直接面對他們行為產生的結果，知道訪談

對象有沒有發現他們在說謊。簡單來說，這是個合理恰當、使人信服的實驗。

有幾位學生非常不擅長說謊，所以很輕易就被發現。但大部分的學生都成功誤導訪談對象的判斷。這些訪談對象並不知道整個安排，只需要判斷這些學生是否如實描述影片或是在說謊。只有少數訪談對象識破謊言的機率高於 50%。

此外，這個實驗安排了另一組訪談對象，並讓他們對學生的說法更感到懷疑。這一組的訪談對象知道學生會看到兩種不同情境的影片，但不知道學生當下在看的是哪一部。這些「起疑心」的訪談對象和毫不知情的前一組成員表現得一樣糟。

如果鮑爾在聯合國演說前就被人騙了，其實和他一樣受騙的大有人在。因為一般情況下，我們就是不擅長識破謊言，就算當下的情況有充分理由懷疑事情的真偽。

但為什麼不擅長呢？我們明明解讀謊言、甚至說謊的經驗都很豐富；在人際互動中花了大把時間解讀他人的心理狀態，解讀得也還算準確，但為什麼辨識謊言就頻頻失敗呢？

原因在於，一般關於說謊的心智理論是錯的，也就是說，普遍認定說謊會產生特定行為的看法並不正確。說謊並不會導致眼神飄忽或坐立難安，不管多少人相信，這就不是

事實。這是廣為流傳且強而有力的錯誤信念，也突顯出心智理論的關鍵特性：心智理論是一套理論而不是事實。我們將實際情況、觀察到的現象、各種假設和想法組織成系統性的了解，而有時候我們拼湊出的樣貌並不正確。

由於實驗最後知道哪些受試者說謊，研究者重新分析受測者錄影畫面，想找出騙子實際上到底怎麼表現。研究發現：緊張不安、眼神飄忽這兩個普遍認定是說謊的跡象，其實並無法區別騙子和老實人。

貝拉・狄保羅和他的同事透過另一個整合分析確認了這個發現。從 100 個研究裡的上千名成人受試者中發現，眼神游移並不代表說謊，而且緊張的表現，像是躁動、臉紅、講話結巴都不是說謊造成的反應。

儘管有這些研究結果，對說謊行為的刻板印象仍持續存在，都還有受過訓練和具備相關經驗的人這麼想。執法者常說，說謊的嫌犯都會避免和他們眼神對視，眼神也飄忽不定，會輕敲手指、支吾其詞，而且訊問進行越久，嫌犯也會越來越緊張。佛洛依德曾表示，騙子「用指尖而非嘴巴喋喋不休，全身每個毛孔都散發出背叛的氣息。」

不過研究顯示，講實話的人也會做出類似的舉動。他們會避免眼神接觸，面對警察時尤其如此（因為不想看起來想吵架）；也會轉移視線（例如，試著回想當時自己身在何

處、在做什麼時，視線會望向沒有人的地方）；猶豫遲疑（因為想要準確回答）；也會感到緊張（擔心警察可能會——其實已經在——懷疑自己，就算自己和被詢問的事件毫無瓜葛）。

湯姆・布羅考（Tom Brokaw）曾任美國國家廣播公司《晚間新聞》（*Nightly News*）主播多年，主持晨間節目《今日秀》（*Today Show*）的訪問也很犀利。他表示，自己總是積極注意訪談對象是否在隱瞞不討喜的事實。「我從訪談對象身上得到的大部分線索不是肢體語言，而是話語本身。我不會仔細觀察對方的表情，看是否有說謊的跡象。我在意的是迂迴的答覆或世故老練的迴避說法。」

就連湯姆・布羅考這位訓練有素的媒體分析人士和採訪者辨別騙子的方法也不正確。研究顯示，有些人說謊時，講話會格外冗長迂迴、提供沒有詢問的資訊；但有些人卻相反，說話直接了當毫不迴避。此外，很多老實人剛好叨叨絮絮、迂迴冗長，這就只是他們說話的方式而已。

總之，儘管我們不相信，但我們判定為說謊的線索其實都會出現在真的說謊或無辜的人身上。儘管我們這麼在意說謊這件事，但絕大部分關於說謊的理論都是錯的（請參考補充說明 2.1）。

這裡最明顯的重點就是：我們的心智理論有可能會辜負

我們。我們抱持的觀念、行動依據的想法可能不是事實。還有一個比較不明顯的重點：我們太想了解他人的內心如何運作，因此建立了好多理論來解讀，甚至形成了錯的理論去分析，而不是直接和他人互動，不抱持任何理論。

補充說明 2.1：
都在錯誤的地方找騙人的跡象

沒人能辨別騙子嗎？

一百年前發明的多導生理記錄儀（polygraph），也就是俗稱的「測謊機」，當然不能揪出騙子。進行測謊機測試時，受測者和機器的電擊相接，並回答一連串問題，電擊會紀錄受測者的生理反應，像是呼吸、心跳速率、表皮阻力等。測謊機測量情緒激動時生理反應的變化，但騙子也可能處變不驚；而說實話的人也可能感到焦慮憂心，並且可能因為被問的問題提及可怕的細節，或讓他們感覺自己受到懷疑，因而心緒產生波動。前述安排學生護士參與實驗的保羅·艾克曼則認為，他有辦法揪出謊言，並且能訓練他人具備同樣的能力。他聲稱，辨別的關鍵在於仔細、精密

地分析肢體語言、聲調以及「微表情」
（microexpression）傳達出的情緒。微表情指的
是瞬間即逝、牽動臉部肌肉的微小動作。分析人
類表情恰好是艾克曼廣為人所知的專業。經過苦
心研究，艾克曼和同事建立了「臉部動作編碼系
統」（Facial Action Coding System，FACS），用
來描述所有觀察得到、能表達情緒的臉部動作。
麥爾坎·葛拉威爾的書《決斷2秒間》（*Blink*）有
特別提到艾克曼針對微表情的研究；艾克曼也擔
任電視影集《謊言終結者》（*Lie to Me*）的科學顧
問。他也研發了「微表情識別訓練工具」（Micro-
Expressions Training Tool，METT），訓練使用
者運用FACS分析微表情、辨別他人閃現的情緒。
他主張METT能增加執法單位判別真實性的準確
度。
艾克曼對情緒的鑽研成果受人推崇，不過辨別謊
言這部分的主張卻備受爭議。艾克曼一部份對
METT的主張來自他針對「謊言辨別奇才」（truth
wizards）的研究。被艾克曼稱為「謊言辨別奇
才」的人，他們辨別謊言的成功率總是高於隨機
猜測的50%。「奇才計畫」（The Wizards

Project）測試了兩萬人，最後只有五十名未接受任何訓練的人幾乎都成功揪出誰在撒謊。這樣的比例實在太小，幾乎能算是巧合。從貝拉・狄保羅和她同事運用海量資料所做的整合分析可知，就連訓練有素的專家都無法辨別謊言，比較兩項研究的結果，這些奇才很可能只是剛好大部分時間都猜對。

所以，要簡單回答「我們能辨別誰在說謊嗎？」這個問題，答案是：沒辦法總是都成功、沒辦法完全準確、至少目前還不行。

我們的社會腦

我們在聊八卦、努力判讀誰說謊、欣賞莎士比亞悲劇，或明白我的助理葛蘭達抱持錯誤信念的時候，我們都在展現人類心理的奇蹟。我們都在運用人類奇特強大的讀心能力。而且我們不用透過心電感應、塔羅牌或腦部掃描儀器就辦得到。我們靠的是隨時可用的心智理論。

英國心理學家尼古拉斯・漢弗萊（Nicholas Humphrey）以研究人類智力演化而聞名，他認為不應該以

「智人」（Homo sapiens）[9]一詞形容人類，進而特別彰顯人類智力這項特徵；反而應該稱作「心理人」（Homo psychologicus）：

在動物界，揣摩心理絕對不是個普通能力。不過對人來說，描述內在感受並不是件難事，反而輕而易舉；兩三歲的小孩就已經開始運用這項能力。人人都輕鬆具備這項能力意味著這件事對人類來說再自然不過。[10]

漢弗萊主張，人類的老祖宗對於人際社會的思考能力日益增強，這項能力成為人類智力的基礎。此即所謂的「社會腦」（social brain）假說。

漢弗萊認為，人類智力之所以進化，是因為原始人類所處的群體社會越來越複雜。了解盟友和對手是社交生活中非常重要的一環，因為他們能協助或妨礙覓食、繁衍後代，也能影響社會地位。越了解隊友與敵人便進一步增加人際互動，人情世故的推論能力也隨之提升，並帶動整體的智力的發展。

9. 譯註：Homo sapiens 乃拉丁語，其中 sapiens 代表「智慧」之意

10. 社會智力的假說由尼古拉斯．漢弗萊於 1984 年出版的著作《重拾意識》（Consciousness regained）中提出。

本章開頭提到的學者羅賓・鄧巴也提出社會腦假說。他認為，八卦這件事——人人需要講自己和他人的事——其實既是人類智力和語言演化的原因，也是結果。這些科學家認為，心智理論之所以強大，不只是因為我們每天都用心智理論來思考、訴說關於人的種種，更因為心智理論形塑了我們如何思考。

　　我要更進一步主張，心智理論不只是演化發展下的產物，心智理論更是兒童期發展下的產物。我們的生活、人際互動累積而來的經驗和學問構成了我們的心智理論，不過心智理論是在兒童期扎根、開始形成，並展現自身的威力。本書把重點擺在兒童期，並不是因為小孩很可愛，而是因為了解心智理論如何發展，不僅是唯一能真正理解心智理論的方法，也是認識我們自身及所處的群體社會最好的管道。

　　本書接下來的內容就是：因為我們想理解人的心理狀態，所以成為心理人。而這一切都從兒童期開始。

第三章

朋友、祕密和謊言

1954 年，美國最高法院做出判決，禁止公立學校實施種族隔離措施。然而，路易斯安那州以及路易斯安那州的紐奧良市都拒絕服從判決；直到 1960 年聯邦法警強制執行，才廢除種族隔離措施。

先從紐奧良市兩間學校的一年級開始。三位黑人小孩被送入之前只收白人的麥克唐納小學，而六歲的女孩露比・布莉琪（Ruby Bridges）則單獨被送到之前也都是白人就讀的威廉・弗朗茲小學。這項族群融合的措施遭到當時的媒體形容成「廢除種族隔離，紐奧良學校遭遇危機」。[1]

媒體沒怎麼報導露比・布莉琪；為了保護當事人，她的名字也是多年後才公開。讓記者爭相撰寫的則是「啦啦隊」——有一群白人中年婦女帶著他們的小孩示威抗議，抵制威廉・弗朗茲小學。這群啦啦隊的砲火猛烈。

美國作家約翰・史坦貝克（John Steinbeck）在他的遊

---

1. 露比・布莉琪在其自傳《透過我的雙眼》（*Through My Eyes*）中有描述她上小學時遇到的危機。約翰・史坦貝克也於《查理與我：史坦貝克攜犬橫越美國》中提到這件事。

記《查理與我：史坦貝克攜犬橫越美國》(*Travels with Charley*) 中，形容這群示威者的用詞「野蠻、污穢又下流」。四位高大的法警護送露比走進學校時，有一位女性口口聲聲說要毒死她，另一位女性則高舉一具小孩尺寸的棺材，裡面裝著一個黑人玩偶。這場針對這位「可憐黑人小孩」的示威讓史坦貝克十分作噁，他在現場看了半小時就倉皇離開。

不過這群啦啦隊的抵制充分發揮作用。1959 年，威廉．弗朗茲小學註冊學生有 550 位，到 11 月露比入學時，註冊人數掉到 3 位。

露比一個人待在一間教室，僅由一位老師幫她上課。全校只有教師芭芭拉．亨利願意教黑人小孩。露比起初認為全校只有她一位學生，直到次年春天才發現「三或四位」一年級學生在另一間教室上課。她待在同一間教室吃午餐，也沒有下課時間，所以除了老師以外不會接觸到其他人。

直到露比一年級要念完時，幾位白人小孩回到學校上課，她才有機會在操場碰到他們「一兩次」。當時，露比對同儕之間的種族歧視所知甚少。她在種族隔離的黑人社區長大，就讀只有黑人的幼稚園。「有一天，有個白人男孩拒絕和我玩，我才明白。『我不能跟你玩。』男孩表示，『我媽說不可以，「因為你是個黑鬼」』。」

任何小孩都不應該經歷露比・布莉琪小學一年級的遭遇。她每天上學的路上都有群眾對著她咒罵、叫囂和恐嚇；她被孤立在一間教室上課，在操場上也被排擠。她沒有朋友。從兒童發展的觀點來說，這件事事關重大。

相關研究很明確：沒有朋友對小孩的社交和學業生活非常有害，影響可能持續至成人期。

交不到朋友會導致非常多負面影響，包括自尊心低落、產生社交焦慮及憂鬱症狀、感到寂寞，以及萌生自殺的念頭。[2]

然而，露比卻好好地長大了。她後來結了婚，生了小孩，事業有成，並於 1999 年成立露比・布莉琪基金會（Ruby Bridges Foundation），提倡「包容、尊重、欣賞所有差異」。

這麼多因素都對露比不利時，她是怎麼辦到的？

免於同儕問題的傷害和兒童具備的心智理論能力密切相關。我們從小孩的錯誤信念測驗中得到這個結論。錯誤信念測驗能評估小孩的心智理論能力，第一章提到請小孩預測我

讀心：我們因此理解或誤判他人意圖的心智理論

2. 關於沒有朋友的特性及影響，有一份很有說服力的研究，可參考 Fink, E., Beeger, S., Peterson, C., Slaughter, V., & de Rosnay, M. (2015). Friendlessness and theory of mind. *British Journal of Developmental Psychology*, 33, 1-17. 本章提到沒有朋友的諸多負面影響皆引用自本篇文章。

的助理葛蘭達會到哪個盒子找糖果，就是錯誤信念的測驗。錯誤信念測驗中，表現最好的學齡前兒童[3] 都比較受同儕歡迎、更容易被同儕接納，在以色列、澳洲、英國、美國、加拿大和其他地方的測驗結果都如此。[4]

除了交朋友、免於社交孤立，心智理論發展得比較好還大大影響小孩的其他能力，包括保守祕密的能力、欺瞞或向他人說明的技巧，還有說服及爭論的能力等，所有關係到社交品質的能力都會受影響。錯誤信念的研究是個很重要的管道，能了解心智理論能如何影響小孩當下的生活，以及長大成人後的生活。

小孩都能精通錯誤信念

研究顯示，在已開發國家中，能否了解錯誤信念對學齡前兒童的思考和行為影響甚鉅。另外，具備理解錯誤信念的能力也影響小孩如何詮釋他人的想法和行為。也再強調一次，這項能力對一個人的生活福祉有深遠的影響。

3.　譯註：本書所指之「學齡前兒童」大約指三至五歲，並不包含嬰兒。

4.　同儕接受程度與受歡迎程度的整合分析請參考 Slaughter, V., Imuta, K., Peterson, C., & Henry, J. (2015). Meta-analysis of theory of mind and peer popularity in the preschool and early school years. *Child Development*, 86, 1159-1174.

不過，不管哪個地方的小孩都會習得這項能力嗎？如果不是的話，這項能力其實就沒有我講得那麼重要，因為每個地方的小孩一般都能發展出足夠的社交能力。

回到非洲

巴卡（Baka）族生活在中非雨林中，以採集狩獵維生。他們個子矮小，比較高大的成年男子大概才 152 公分高。巴卡人曾被稱為俾格米人或匹美人（Pygmy），古埃及人首先使用這個詞，形容人的身材矮小。這個說法現在被視為無禮、帶有污名化意涵而不再使用。

巴卡族人過著半遊牧、半定居的生活，在森林裡搭建暫時居住的營地。男性負責設置陷阱誘捕獵物、捕魚及打獵，他們常使用箭頭沾有毒藥的箭作為狩獵工具；女性則負責種植南瓜、木薯和香蕉，也採集其他食物，例如野生芒果及蜂蜜。

1990 年，兩位牛津大學的學者傑瑞米・安維斯（Jeremy Avis）和保羅・哈里斯（Paul Harris）針對巴卡族小孩進行測試，了解他們對錯誤信念的理解程度。[5] 他們在

讀心：我們因此理解或誤判他人意圖的心智理論

---

5. 巴卡族的心智理論研究請見 Avis, J., & Harris, P. (1991). Belief-desire reasoning among Baka children: Evidence for a universal conception of mind. *Child Development*, 62, 460-467.

每個小孩住的營地進行測驗，請兩位巴卡族人協助實驗，搬演一段設計好的情境。其中一位巴卡族的青年男子名叫莫法那，另一位則是較年長的男性莫比沙。進行測驗的兒童年紀介於三歲到六歲。

測驗的流程如下：一位小孩和他／她的母親一同進到營地小屋內。莫法那和莫比沙坐在火堆旁，莫法那正在烤野生芒果仁，這是一道巴卡美饌。火堆旁放著一個蓋上蓋子的碗和罐子，小屋內也擺著尋常日用品，像是籃子和一堆衣物。

小孩坐在莫比沙的腿上，看著莫法那將芒果仁從火堆上移開，放到碗中。接著莫法那生動地說：「看看我烤的這些美味芒果仁，香甜可口！好吃！」

「在我享用之前，我得先去班酒（mbanjo，男性聚會小屋）抽個菸。我很快就會回來大吃一頓。」說完，莫法那把碗和罐子的蓋子蓋上，留下小孩、小孩的母親和莫比沙。

因為莫比沙比較年長，社會地位比莫法那高，所以接下來的情境才能成立。莫比沙對小孩說：「莫法那出去了，不知道我們在幹嘛。來，我們來玩個遊戲。把芒果仁從碗裡拿出來，藏到別的地方。你認為應該藏在哪呢？」

很多小孩馬上將芒果仁藏在罐子裡或那堆衣服中。如果小孩沒有要藏芒果仁，或沒有藏好，莫比沙會說：「把芒果仁放到罐子裡。」

接著他會說：「芒果仁在罐子裡了。」（之類的話），並問小孩三個問題：

1.「莫法那回來後，他會到哪裡找芒果仁呢？碗還是罐子？」這是個標準的錯誤信念問題。小孩應該像大人一樣表示，莫法那會看去碗那邊找芒果仁，因為那是他原本放的地方。莫法那會根據錯誤信念行動。

接著，莫比沙會再問小孩第二個問題：

2.「莫法那掀開碗蓋之前，他的心情好不好？」如果小孩明白莫法那的想法，小孩會表示莫法那心情很好，因為他（誤）認為自己將大快朵頤。

最後小孩要回答第三個問題：

3.「莫法那掀開碗蓋後，他的心情是好是壞？」這是本實驗的控制問題（control question），確保小孩記得整個情境、知道碗裡面空無一物。如果小孩確實記得，小孩會知道莫法那掀開碗蓋、發現碗裡空空如也時，他會感到難過或生氣，他的「心情會變差」。幾乎所有年紀的小孩都正確回答第三個問題。

但針對前兩題，小孩的回答因年紀而改變。年紀比較大的小孩（四歲半到六歲）回答第一、二題的正確度超達

90%，遠超過隨機答對的成功率 50%。年紀比較小的孩子（三歲到四歲半）答對的機率卻差不多 50%。

這個測驗結果幾乎和第一章糖果盒測驗的結果相同。雖然文化、地理有所不同，大概長到四歲半時，小孩的理解力普遍來說大有進展。四歲半之前，大部分小孩無法理解人的想法可能不是事實（有錯誤信念）；四歲半之後，大部分人都可以明白（請參考補充說明 3.1）[6]

理解程度在這麼小的年紀就有這麼大的改變，表示這樣的理解能力對小孩來說非常重要。

補充說明 3.1：
錯誤信念知多少

圖 3.1 為一整合分析的結果，蒐集了超過 250 份關於兒童理解錯誤信念的研究。如果小孩從兩個選項隨機選一個回答（莫法那會在碗或罐子裡找

6. 此處及補充說明 3.1 提到的整合分析來自 Wellman, H., Cross, D., & Watson, J. (2001). A meta-analysis of theory-of-mind development: The truth about false belief. Child Development, 72, 655-684. 以及 Liu, D., Wellman, H., Tardif, T., & Sabbagh, M. (2008). Theory of mind development in Chinese children: A meta-analysis of false-belief understanding across cultures and languages. *Developmental Psychology*, 44, 523. 想更了解小孩理解錯誤信念的發展，可參考我於 2014 年出版的《打造心智》（*Making Minds*）第三章的內容。

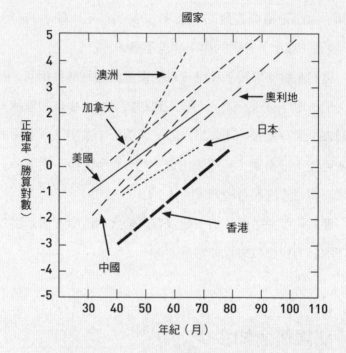

國家

正確率（勝算對數）

年紀（月）

澳洲

加拿大

美國

中國

奧利地

日本

香港

芒果仁？），成功率就是 50%，在這個圖表上標示為 0 分。

但這張圖呈現出非常不同的結果。小孩的年紀越大，答對率越高，從低於 0 分變成高於 0 分。巴卡族小孩是如此，超過八千位不同國家的兒童也是如此。可見學齡前兒童發展心智理論時，理解錯誤信念是個普遍、關鍵的里程碑。

這項整合分析搜集到的研究中，有些錯誤信念的測驗透過改變物品位置的方式進行（像前述的芒

果仁）；有些測驗則安排了容易讓人受騙的情境（像第一章提到白色盒子裝著糖果，但糖果盒內卻空無一物）。有些測驗要求小孩要口頭回答，有些測驗用手指出來即可。有的測驗則會要求小孩判斷他人的行為（莫法那會去哪裡找芒果仁？）；有些則會請小孩描述他人的想法（莫法那會怎麼想？）或情緒（莫法那的心情好不好？）。也有測驗請小孩判斷現場某人的行為（像莫法那的情況），有些則用錄影畫面、玩偶或故事角色。測驗內容不盡相同，但都殊途同歸：小孩的回答都一樣。

不過小孩學會這項能力的年紀確實有差別。有些小孩比較快理解錯誤信念，有些比較慢；這樣的差別深深影響他們的群體生活和人際互動。

儘管如此，圖 3.1 也顯示，小孩普遍在學齡前時期（約 3 ～ 5 歲）就理解錯誤信念的概念，代表心智理論有長足的進展。不過產生這些改變的小孩，這時仍在學會踢球或騎腳踏車。

謊言與欺騙

說到美國小說的經典角色，絕對少不了湯姆（Tom Sawyer）。他有著自以為是的小聰明、能言善道、愛說謊又充滿想像力，而且他也體現了心智理論中最鮮明的幾個面向。

馬克·吐溫（Mark Twain）所寫的《湯姆歷險記》（*The Adventures of Tom Sawyer*）從湯姆說謊開始講起。一個炎熱的午後，湯姆翹課跑去游泳。回家後，他小心翼翼回應扶養他的波莉阿姨，幾乎都要讓阿姨相信他沒跑去游泳。但他同母異父的弟弟席德加入對話，說湯姆襯衫領子的縫線顏色和早上看到的不一樣了。湯姆聽了，拔腿開溜，讓阿姨來不及處罰他。

沒有任何父母會喜歡自己養了個愛說謊的小孩，波莉阿姨也責怪自己沒有更嚴厲管教湯姆。「聖經上不是說孩子不打不成器嗎？」

雖然說謊似乎不是很好的行為，但學會說謊其實是小孩成長過程中很重要的進展，說謊也是一項重要的社交技巧。想像一下，某個世界裡，大家脫口而出的都是沒有修飾過的實話，像是「那是我見過最醜的漆工。」「你的頭髮那樣子看起來很恐怖。」或是每個人應該都遇過這樣的情況，奶奶給了孫女一件毛衣，孫女說：「奶奶，謝謝你。這就是我想要的禮物。」這個回答讓大家都開心，而不是說「可是

我想要的是芭比娃娃。」

　　沒有這些人情世故的細膩操作，生活會難過得多；這些細膩操作意味著我們不總是說實話，也就是說謊。但小孩不是生來就會騙人，也絕對不可能天生就會說善意的謊言。我弟小時候就對著第一次當臨時保姆的女孩說：「天啊，你的脖子也太瘦太長了吧！」她之後就再也沒來了。

　　小孩什麼時候、怎麼學會說謊這項難斷好壞的技能？學會說謊又如何讓小孩成為更社會化的個體呢？

　　每當問到小孩何時開始說謊，大部分的父母會回答大概在四歲的時候。小孩說的謊包括否認事實（不是我做的）、不實指控（是他做的）、不實陳述（爸爸說可以）、言過其實的吹噓（我也做得到），以及假裝不知情（我不知道是誰弄壞的）。

　　科學家費盡心力想了解為什麼人到這個年紀開始說謊。是因為語言能力變好了嗎（這時候語言能力的確變好了）？或是因為小孩變聰明了（這時候的確變聰明了）？其實，小孩的心智理論系統發展得更好，就會產生說謊這個主要的功能。小孩明白了錯誤信念後，說謊、欺騙也跟著出現，也越來越常見。

　　科學家得從紛亂龐雜的現象中抽絲剝繭，才能得出這個結論。舉例來說，小孩正值兩三歲的父母也表示，自己的小

孩會否認自己曾做過的行為，或誇張地自吹自擂。如果對心智理論的發展沒有錯的話，小孩在四歲半左右之前，應該不可能會這樣說謊。因為兩歲或三歲時，小孩判讀他人心理狀態的能力還不夠好，無法透過說謊來影響對方。

為了了解到底怎麼回事，研究人員設計了一項和「誘惑」有關的測試。小孩看著大人將一份「等等要用」的禮物放入一個容器中，小孩不知道禮物是什麼。接著，大人離開房間，並告訴小孩不可以偷看。研究人員從雙面鏡或錄影畫面觀察小孩的行為。某個實驗中，幾乎 90% 的兩三歲小孩都會跑去偷看禮物是什麼。

大人回到房間後，問小孩：「你有偷看嗎？」大約一半的小孩都說：「沒有。」這聽起來像在說謊。這樣看來，小騙子佔得比例可真高，不過年紀再大一點，說謊的比例就更高了。長到五歲時，大約 80% 的小孩會說謊。

有更多的研究解釋了前述比例上的差別，並說明為什麼這些尚未明白他人想法的小小孩看起來像小騙子。這些小小孩不是為了騙過大人，他們只是為了避免被處罰。

如果媽媽指著一個破掉的花瓶說：「你做的嗎？」（就像前述測驗中的大人問：「你有偷看嗎？」），小孩為了不想惹麻煩（像是無法得到禮物），就可能會回答「沒有」。就連小小孩都知道，闖禍的話麻煩可大了。否認自己闖禍就能避

免不想要的後果。要能這麼做，需要理解原因和後果之間的關係，但不一定要了解別人怎麼想。否認闖禍或邀功領賞也是出於同樣的心理：避免壞事或得到好處。然而，說謊騙人更複雜：說謊是打算在對方的腦中植入錯誤信念，為了避免不好的後果或更加方便獲得好處。

以李康（Kang Lee）為首的多倫多大學（University of Toronto）學者更進一步研究，想了解如果小孩知道不會有不好的後果發生，情況會如何。[7] 李康和他的同事在小孩的身後放了一個紫色的恐龍玩偶，小孩看不到這個玩偶。接著，大人離開房間時，告知小孩不要偷看，不過並沒有提到獎賞或討人厭後果。不管小孩有沒有偷看，過程都有錄影。隨後，放玩具的大人和小孩進行面談。一旦不存在處罰的可能，透過標準錯誤信念測驗測量，小孩理解錯誤信念的程度和說謊之間的相關係數[8] 介於 0.4 到 0.7 之間。

要能更理解這個數據的意義，可以從成人的身高和鞋子

7. 李康 2013 年發表的文章中，有概述他針對謊言的諸多研究，請見 Lee K. (2013). *Little Liars. Child Development Perspectives*, 7, 91-96. 更多關於小孩對說謊的理解與運用，可參考我的著作《打造心智》第三章的內容。

8. 關於說謊和錯誤信念的理解程度，兩者的相關係數變化範圍從 0 到 1.0（嚴格來說是從 -1.0 到 0 再到 1.0），1.0 代表完全相關。以這裡的狀況來說，隨著小孩長大、越來越能理解錯誤信念的同時，小孩也越來越擅長說謊。簡單來說，兩者的相關係數並不會有 0 到 0.1，這個區段的數值代表錯誤信念和說謊之前沒有什麼關係。相關係數從 0.1 到 0.3 代表低度相關。相關係數 0.3 到 0.5 為高度相關，而 0.5 以上相關性就越來越強。也就是說，相關係數 0.4（在李康幾個錯誤信念與說謊的研究中都得出這個結果）算是相關性滿高的，而（其他研究得出的相關係數）0.7 則代表相關性非常高。

尺寸之間的相關性來想。合理推測，高個子一般來說腳比較大。但也有例外：個子高但腳丫小，個子矮但腳丫大。而身高和鞋子尺寸的相關係數通常介於 0.6 左右。統計學上來說，兩者的相關性很強。同樣地，理解錯誤信念的程度和說謊之間的相關性就統計學上來說很強（請參考補充說明 3.2）。

心智理論讓我們有辦法操控他人如何理解一件事，而說謊只是冰山一角。

補充說明 3.2：

從相關性到因果關係

兩件事高度相關並不代表兩者有因果關係。例如，年長者玩填字遊戲和較佳的記憶力和認知功能有關。這代表玩填字遊戲就能免於認知功能下降嗎？當然不是。一般來說，比起不玩填字遊戲的年長者，有玩的年長者教育程度較高、經濟狀況較好，是教育程度和經濟狀況影響年長者的認知功能。

研究者會透過幾個步驟判定一個因素和一個結果之間是否具因果關係，而不只是相關。更重要的

是，他們也會思考應該排除其他哪些因素，不讓其他因素影響判斷。至於這裡講的狀況，要檢視小孩理解錯誤信念的程度和說謊之間的關聯，研究者通常會考量小孩普遍的智力、語言能力，以及「執行功能」（executive functioning）。執行功能指的是我們有意控制自身行為和話語的能力。在小孩上小學前，隨著小孩的心智理論、說謊能力持續發展，上述提及的因素也都不斷進步。但是，就算智商、語言能力和執行功能這些能力都被排除，能推論錯誤信念這項技能仍是導致小孩說謊的強大因素。

隱瞞與祕密

湯姆和他的朋友哈克半夜拎著一隻死貓，跑到墓地。他們打算用個一定有效的療法去除身上的疙瘩，也就是將死貓丟到壞人的墓碑上並唸道：

「魔鬼跟隨屍體，
貓跟隨魔鬼，
疙瘩跟隨貓，

一切和我無關。」

　　然而，他們的療程還沒開始，就先目睹三位盜墓者的扭打。打到最後，印第安·喬殺了一個人。但他把兇刀塞到扭打中被擊昏的莫夫·波特手中。

　　這樁謀殺被發現後，印第安·喬作證表示人是波特殺的。湯姆和哈克知道這不是事實，但怕一旦說出真相，印第安·喬會對他們不利，因此三緘其口。儘管他們保持沉默，馬克·吐溫寫道：「這樁謀殺的可怕祕密不斷折磨著他們。」

　　祕密在小說安排上是極為重要的元素，祕密對人際互動來說也一樣重要，而且祕密能有正面的影響。祕密可以製造親密感，只要想像一下，少女只告訴她最好的朋友，自己愛上了學校的壞男孩。

　　祕密最根本的特性就是某個人一定不可以知道某件事，但另一個人卻知道。我們大概都遇過小孩無法保守祕密的時候。我某次生日時，三歲的孫子和他媽媽包了一個禮物給我。我一進他們家，他就直接跟我說：「禮物是本書。」

　　瓊安·佩斯金（Joan Peskin）和維多麗雅·亞汀諾（Vittoria Ardino）進行了一項實驗，研究小孩保守祕密的

情況。[9] 一位老師請學齡前兒童幫忙藏一塊生日蛋糕，實驗安排在小孩熟悉的學校烹飪教室裡。這塊生日蛋糕是要給另一位老師的生日驚喜。老師不斷提醒小孩這塊蛋糕「是個祕密，不要講出去。」接著，藏蛋糕的老師離開，留下小孩和生日的老師待在烹飪教室，看看小孩是否會把蛋糕說出去。

這個實驗中，只有 30% 的三歲小孩成功保守祕密，不過 70% 的四歲小孩及 90% 五歲小孩都成功保守祕密。小孩在一連串錯誤信念測驗中的表現和保守祕密之間存在很強的相關性，相關係數高達 0.62。也就是說，比較明白錯誤信念的小孩，比較擅長不讓第三者知道某些事情。小孩的心智理論在學齡前時期逐漸發展成熟，這對小孩的社交行為和生活會產生重大、可預期的影響，例如會越來越能保守祕密。

....
說服
....

湯姆因為翹課被處罰，得將圍籬漆成白色。他生著悶氣、能拖則拖，不想刷圍籬。不過他隨後想到好辦法，成功

9. 瓊安‧佩斯金和維多麗雅‧亞汀諾 2003 年針對保守祕密進行的研究請見 Peskin, J., & Ardino, V. (2003). Representing the mental world in children's social behavior: Playing hide and seek and keeping secrets. *Social Development*, 12, 496-512.

掌控朋友的想法，透過花言巧語讓朋友相信刷油漆很好玩。「不是每天都有刷籬笆的機會耶！」、「我想一千人裡，不，大概兩千人裡也找不到一個能把這面牆漆好。」湯姆這麼說。

沒多久，湯姆就有一群朋友幫他刷圍籬，而且還要拿珍藏的寶貝交換刷圍籬的特權；至於湯姆，他整個下午過得開心又悠閒。我們可能會希望自己有湯姆這樣善於說服人的天賦。

小孩最早嘗試說服別人時，方法大多是簡單的懇求（拜託～求求你啦）或眼淚攻勢。如果這些說服的策略是透過死記硬背而學會，例如模仿年紀較長的手足，這些說服的策略並不牽涉到心智理論。成熟的說服技巧大多需要說到聽者的心坎裡。

美國懷俄明大學（University of Wyoming）的凱倫·巴奇（Karen Bartsch）和同事試圖找出哪些說服方式和湯姆用的一樣，牽涉到資訊的組織、運用（小孩版的政治化妝師），哪些是靠死記硬背學來的模式。[10] 他們設計了一個實

10. 凱倫·巴奇針對說服這個主題有進行了好幾個研究。首先將說服能力和小孩理解錯誤信念的程度聯繫起來的研究為 Bartsch, K., London, K., & Campbell, M. D. (2007). Children's attention to beliefs in interactive persuasion tasks. *Developmental Psychology*, 43, 111-120. 維吉尼亞·斯勞特和同事進行類似的研究，而且實驗的安排更真實。她的研究中，三到八歲的小孩得說服一個頑固的布偶，讓它願意吃生青花菜或刷牙——這兩種都是學齡前兒童常遇到的問題。不管在說服論點的數量或質量方面，表現超前的小孩普遍在心

驗，小孩會先看到一個小狗的模型，這隻狗「溫順乖巧而且很安靜」。一隻叫翠西亞的布偶登場，有人告訴她：「翠西亞，這隻小狗希望你摸摸牠。」

翠西亞答道：「喔不要，我覺得小狗都會咬人。」

研究人員接著就會問小孩，要跟翠西亞說什麼才能讓她摸那隻小狗：「應該告訴翠西亞這隻小狗很乖或這隻小狗很安靜呢？」

然後另一隻叫克里斯的布偶登場。他也不想摸那隻狗，因為「我覺得小狗都叫得太大聲。」這次小孩一樣會被問應該要跟克里斯說小狗很乖還是小狗很安靜。

小孩是否明白兩隻布偶擔心的原因，進而能運用不同論點說服翠西亞和克里斯呢？如果小孩能運用不同論點說服兩隻布偶，就表示小孩是根據聽者的想法，採用不同的說服技巧。

在這個實驗和其他相關的研究中，三歲小孩運用不同論點來說服的機率大約 50%，四歲小孩高於 50%，五歲小孩的表現更好。

這份研究也顯示，這樣因應對象而改變的說服方式和錯

智理論測驗上也表現得很好。這類的說服行為顯然也需要一定程度的語言能力，不過控制了語言能力的變因後，心智理論發展的程度仍會影響說服技巧的優劣。詳細內容請見 Slaughter, V., Peterson, C., & Moore, C. (2013). I can talk you into it: Theory of mind and persuasion behavior in young children. *Developmental Psychology*, 49, 227.

誤信念的理解程度有相關性。兩者的相關係數在三歲小孩身上是 0.5，而在四或五歲小孩身上則是 0.7。小孩對錯誤信念的理解程度其實是成功說服他人的先決條件。善於說服的小孩都善於判讀錯誤信念。

沒朋友的布莉琪怎麼辦到的？

前面講了這麼多，和露比‧布莉琪有什麼關係呢？比較能明白錯誤信念的小孩，不僅比較會說謊、保密、說服他人，在同儕中也比較受歡迎、更容易被接納。

最近，澳洲昆士蘭大學（University of Queensland）的維吉尼亞‧斯勞特（Virginia Slaughter）和同事針對這個主題進行了一項整合分析。[11] 他們蒐集了二十項研究，參與研究的小孩總共超過兩千位。這些小孩來自十個不同的國家，涵蓋學齡前、小學中低年級的兒童。所有國家的研究都顯示，心智理論和同儕受歡迎的程度有相關。排除性別和年紀等背景因素，心智理論的理解程度比較好（大多是指錯誤信念的理解程度比較好）仍然大大影響同儕間的接受度。更重要的是，比較擅長讀心的小孩，在學校不會交不到朋友。

11. 請見本章註解 4。

受同儕歡迎和有沒有同儕朋友是兩回事。有些小孩可能在學校不太受歡迎、被同儕群體忽視，但他們在學校可能有一個朋友，彼此心意相通、互惠互助，因此感到滿足、愉快。反過來說，有些小孩在團體中可能很受歡迎，但沒有心意相通、互惠互助的朋友，因此感到寂寞、不開心。這類的小孩就是沒有朋友。

馬可・德羅內（Marc de Rosnay）和同事研究了小孩從學齡前過渡到小學一年級的階段，這個時期對小孩的社交生活和同儕關係來說非常關鍵。[12] 他們發現，上小學之前，心智理論發展最好的小孩不會遇上沒朋友的問題。在這個過渡期，他們不一定很受歡迎，但至少會交到一個好朋友。這段友誼就能減輕沒朋友造成的「低自尊、社交焦慮、憂鬱、寂寞和自殺念頭」。

露比・布莉琪曾寫下自己待在幼稚園的時光，也就是到威廉・弗朗茲小學就讀的前一年。她和同個街區的小孩一起唸強森・洛克特小學。她在自傳《透過我的雙眼》（*Through My Eyes*）裡寫道：「我很喜歡待在那裡的那一年，我的老師金小姐人很溫暖又善於鼓舞人心。她是黑人，就和當時黑人學校裡所有老師一樣。金老師讓我想起了我奶奶。」

12. 請見本章註解 2。

之後露比就開始了一整年沒有朋友的日子。露比在自傳中寫道，那時她開始做惡夢、產生飲食行為障礙。她獨自一人待在教室吃午餐，「亨利老師和其他老師一起午休。」露比開始把三明治丟到置物櫃裡、把牛奶倒進一大桶的白膠裡。回到家，她只想吃洋芋片、喝汽水。

學期結束時，露比和其他表親去奶奶的農場過暑假。她就沒有出現飲食行為障礙了。「我當時把這些暑假視為理所當然，小孩都會如此，但我現在知道這些日子是一份特別的禮物。」接下來的幾年，其他小孩不分膚色也加入她的班級一起上課。露比之後的人生過得都算是順遂圓滿。

她怎麼辦到的？我們只能合理推測，或許露比六歲到威廉・弗朗茲小學就讀時，她的心智理論已經發展得很好，所以她能運用發展出來的社交能力，克服沒有朋友的困境和周遭人的辱罵與嘲笑。也可能因為露比在家附近、在親戚中有交到朋友。或者，就算在學校，露比也不是全然沒有朋友的陪伴，她形容亨利老師是「我的老師和我最好的朋友」。

第四章

想像與現實

　　瑪麗兩歲時有了個幻想同伴，名叫塔爾加。瑪麗拉著一條想像的線帶著塔爾加到處走，在他睡覺的暖氣散熱器下，擺上想像的食物給他。瑪麗三歲半時，「柏利」和「大嬸」加入塔爾加的行列。他們很快就變成家裡的一分子。用餐時，瑪麗會幫他們留位子、問他們吃飽沒，家庭出遊也會帶上他們，並且要她的朋友和他們講電話。和瑪麗不同，他們從來不會被處罰，因為他們從來不會做錯事。

　　美國大約 30% 的學齡前兒童會有幻想朋友（imaginary companions）。瑪麗的情形由瑪格麗特‧史文森（Margaret Svendsen）於 1934 年記錄下來。[1] 美國俄勒岡大學（University of Oregon）的心理學家瑪喬麗‧泰勒（Marjorie Taylor）研究當代兒童的幻想夥伴，她聽過很多其他類似的情況：[2]

---

1. 請　見 Svendson, M. (1934). Children's imaginary companions. *Archives of Neurology and Psychiatry*, 2, 985-999.

2. 瑪喬麗‧泰勒於 1999 年出版的《幻想夥伴和創造他們的小孩》（*Imaginary Companions*

約書亞是隻負鼠，住在小孩舊金山的家以南幾公里外。

赫卡是個三歲的小孩，其他人都看不見他。赫卡話很多，有時候很惡毒。

有位四十歲的男性仍記得孩提時代的幻想朋友狄格和杜吉。杜吉是隻狗，會說話、講笑話，喜歡玩打鬧翻滾的遊戲。狄格膽子大又勇敢，總是保護著杜吉和男孩。他會「在沙地裡設計路線，而且我媽叫我回家時，會慫恿我留下來。」

有個媽媽跟泰勒提到她兒子的玩伴諾比，描述諾比是個看不見的小男孩。泰勒訪問這位男孩時，問他多久會和諾比一起玩。小男孩卻皺眉、不太高興地回答：「我不和他玩。」小男孩說諾比是個 160 歲的商人，利用去西雅圖和波特蘭出差時的空檔拜訪小男孩。小男孩想「談一談」時，諾比才會順道來看看。這件事連他媽媽都不知道。

至於我上小學前，有個看不到的朋友叫小人物先生。他是個年紀稍微比我大一點的調皮男孩。他存在的時間很短，但很方便。任何事出狀況時，我都怪他。

幻想朋友呈現的方式很多種。美國漫畫家比爾‧華特森

and the Children Who Create Them）收錄很多關於幻想朋友的研究和資料，有趣又好讀。保羅‧哈里斯於 2000 年出版的《想像的作用》（The work of the imagination）提供淺顯易懂的概述，介紹兒童對假裝和想像的理解。

（Bill Watterson）的經典連環漫畫《凱文的幻虎世界》（*Calvin and Hobbes*）裡，虎伯斯是主角凱文的幻想夥伴，牠就是以填充布偶樣貌出現的著名例子。對其他人來說，虎伯斯就只是凱文的老虎娃娃，很破舊又不能動。但在凱文心中（和華特森的漫畫裡），虎伯斯活靈活現，舉止魯莽放肆，常常慫恿凱文調皮搗蛋。英國作家米恩（A. A. Milne）的《小熊維尼》（*Winnie the Pooh*）裡，大部分的角色就是一群以動物布偶發想出來的幻想朋友。現實中，米恩的兒子克里斯多弗‧羅賓‧米恩（Christopher Robin Milne）有一隻布偶熊叫愛德華，就是這隻熊啟發了米恩創造出小熊維尼。

泰勒發現幻想朋友可能會有實體，像前面提到的填充玩偶；或者也可能是純粹想像的產物。除此之外，小孩也可能替自己創造一個虛構的身份，想像自己成為某個超級英雄或公主；或者假裝自己是個特別的人物，像是「電力先生」或「閃電俠」。一般來說，幻想朋友有自己的想法、情緒和欲求，有別於幻想出他們的小孩。狄格大膽又勇敢，小人物先生總是惡作劇，而赫卡的行為和意圖都很壞心。

性格凶惡或讓小孩害怕的幻想夥伴滿常見的。泰勒的著作《幻想夥伴和創造他們的小孩》中，有位媽媽提到她兒子三歲到五歲時幻想出一個叫巴納比的「壞人」，住在兒子臥房的衣櫃裡。巴納比很高大，蓄著一撮黑色小鬍子，而且

「喜歡嚇人」。她兒子常常要求她確認衣櫃，看看巴納比在不在裡面。她總是說不在，但小孩卻無法放心；畢竟其他人都看不到巴納比。而且很慘的是，巴納比也很狡猾。有一次搭飛機時，她跟小孩說，巴納比不會出現在他們要去的地方，因為巴納比不在飛機上。但他兒子卻回答，巴納比搭了下一班飛機緊追在後。

幻想朋友常常會成為家裡的一分子，對小孩的生活來說也再真實不過——是個有自身感受和想法的重要人物。我兒子小雷最後總共擁有四隻叫寶飛的鱷魚娃娃。每一隻都具備強烈的性格，而我們一家人都認同並且接受牠們。只要是家族旅行，就算去很遠的地方，我們通常會讓小雷帶一隻寶飛同行。出發前，我曾聽到小雷把四隻寶飛聚在一起，跟他們說哪一隻可以跟，並告訴牠不可以炫耀，不然會傷了其他寶飛的心。

小孩對待這些幻想朋友的方式總讓人覺得他們真實存在，但其實小孩都清楚他們是想像出來的。有時候小孩會帶著動物布偶來我密西根大學的實驗室進行測驗。我常常也會跟布偶解釋測驗會怎麼進行，因為這是能跟小孩再說明一次的好方法。測驗完、訪談完小孩後，我也會詢問布偶的看法，請布偶解釋測驗中發生了什麼事，這麼做能更進一步引導小孩提出更多的解釋和說明。我這麼做的時候，小孩常常

會打斷我，跟我說：「他不是真的」或「我們只是在假裝，他其實不能說話。」確定我明白他的夥伴並不真實存在。

　　瑪喬麗‧泰勒表示，同樣的狀況也發生在她俄勒岡大學的實驗室。泰勒和小孩訪談他／她的幻想朋友時，小孩會打斷她說道：「這一切都是假裝的，你知道吧？」泰勒提到小男孩迪奇的案例。迪奇虛構了一個農場，裡面充滿幻想動物。有幾位親戚曾看過迪奇搬演他的幻想世界，他們在某次家族聚會上，花了好長一段時間討論迪奇的農場和動物。迪奇因此靠近他爸身旁，悄聲說道：「跟他們說那個農場是假的。」

小孩能區別真實或想像嗎？

　　前面提到的案例都顯示，有幻想朋友的小孩能區別真實和想像，至少針對他們「特別的朋友」來說是如此。然而，對其他事物也能普遍分辨真實和想像嗎？大人輕易就能構想出一座座空中樓閣，發想一個又一個混合想法與記憶的白日夢，而我們都知道這全部都虛幻不真實。我們也清楚這一座座的空中樓閣和過去歷史中砂石建造的房子根本不一樣。

　　但小孩能清楚兩者的分別嗎？畢竟，一隻真實存在的狗

和想像出來的狗都要經過大腦處理。或許真實和虛構糾纏不清，需要時間和經驗的累積才能分清楚。小孩如何分辨真實存在和想像出來的事情？什麼時候明白兩者的區別呢？

皮亞傑

1920年代，皮亞傑（Jean Piaget）開始研究這個問題。他是兒童發展領域裡舉足輕重的人物。他給人的形象常常是頂著一頭白色的亂髮，在亂成一團的研究室中，坐在成堆的書堆、紙堆裡，抽著煙斗。或是戴著貝雷帽、踩著腳踏車，在瑞士日內瓦市區裡兜轉（而且仍叼著他的煙斗）。

皮亞傑是瑞士眾多重要改革家的一分子，影響深遠，他的半身銅像豎立在日內瓦的稜堡公園（Bastions Park）中，和其他重要的改革家一起，像是十六世紀的宗教改革神學家約翰・喀爾文（John Calvin）。皮亞傑畢生致力改革的領域為心理學和哲學。[3]他主張，如果想了解人類心智如何運作，必須要先了解心智是如何發展而的。我非常同意他的論點。

皮亞傑針對兒童的研究整理成四十多本說，他研究了好幾百位兒童，他也透過日記詳細紀錄他的三個小孩。一篇日

---

3. 關於皮亞傑的軼事，我最喜歡的其中一個是關於皮亞傑致力改變我們對兒童的既定想法。皮亞傑被委任日內瓦大學（University of Geneva）的盧梭研究所（J. J. Rousseau Institute）所長時，他馬上改變研究所的所徽。原本的所徽描繪著一個大人帶領著一個小孩，皮亞傑改成由小孩帶領著大人。

記裡，皮亞傑寫下他女兒的幻想朋友艾索能幻化成鳥、狗，甚至是怪獸。

皮亞傑提出令人信服的解釋，認為概念、想法、想像和記憶等心智體（mental entity）對小孩來說，非常容易和現實混淆，因為這些心智體沒有實體，也不明顯。他表示，學齡前兒童是「現實主義者」（realist），會把心智體當作實際存在、觸手可及的事物。這些小孩相信，夢境就是一張張圖像，大家都看得到，而人的想法則是公開或私底下的言語。[4]

皮亞傑提出有力的說明和論證支持他的論點。然而，他錯了。[5] 連三歲小孩都能分辨一個人養了一隻狗和一個人在思考一隻狗之間的差別。當代的研究顯示，三歲和四歲的小孩堅決表示實際存在的狗可以摸得到，用眼睛看得到，而且別人也看得到。但心智體（關於一隻狗的想法）並不具體，在外在世界中也看不到，而且很私密。

這個結論和皮亞傑的觀點大相逕庭。當代學者深入研究心智體，發現小孩能細緻區別兩者的差異。舉例來說，一隻跑掉的狗，我們看不到也摸不到，但這隻狗仍實際存在。有

4. 請見 Piaget, J. (1967). *The child's conception of the world.* London, England: Routledge & Keegan Paul.（法文原版於 1929 年出版。）

5. 皮亞傑主張、提倡的很多觀點並沒有錯。他表示，就連小嬰兒都有想法，這個觀點我們現在可以證實，但在皮亞傑身處的 1920 年代，這個主張備受嘲弄。皮亞傑強調，小小孩能靠自己發現很多事情，不需要教就會，這些事情之後在兒童心智理論的研究上也得到印證。

可能小孩也這麼看待想法、概念：就和跑掉的狗一樣，實際存在但不在場。或者就像空氣、煙霧或影子這些看起來沒有實體但確實存在的事物一樣。

我和同事仔細研究這些問題，試圖找出答案。我們請學齡前兒童思考一個心智體（關於一隻狗的想法）、一個具體存在且對應前者的物件（一隻狗）、和一個不在場但實際存在的物件（一隻跑得很遠很遠的狗），還有幾個沒有實體但實際存在的東西像空氣、煙霧和影子。我們請小孩判斷這些事物能不能摸得到或用肉眼看得見，並請他們說明自己的答案。

這些小孩表示，心智體看不見也摸不到。他們也說不在場的東西看不到也摸不到，空氣也一樣。這些答案大人也答得出來，但我們可能會懷疑小孩並不了解這些東西之間關鍵的差異，畢竟小孩針對心智體和不在場的東西給的答案都一樣。然而，他們的解釋呈現出他們了解的可多了。

小孩（和大人一樣）表示，心智體──關於一隻狗的想法──摸不到，因為「它不是真的」、「只是一個幻想」、「只存在於一個人的腦袋中」。相反地，他們說不在場的東西就算離得很遠，也很「真實」、「具體」。至於像空氣這種沒有實體但實際存在的東西，雖然摸不到，但仍然是真的，他們說：「是真的，不是假裝出來的。」就連三歲小孩

都明白這中間的差別。

　　小孩在講心智體不是真的、摸不到時，他們通常用這些東西在「裡面」——在人的腦袋、心裡來解釋。大人同樣也會說出類似的話。不過，小孩所謂的在「裡面」，會不會指得是字面上的意思，就像吞下肚的葡萄乾在胃裡面一樣？吞下肚的葡萄乾是實際存在的東西，但進到肚子裡後，就再也摸不到或看不見了。難道小孩認為想法在腦袋「裡面」，指的是（像皮亞傑所說的）實際存在的意思嗎？

　　並沒有。在另一個一連串的研究中，我們讓小孩思考一個情況：喬吞了一顆葡萄乾，而約翰正在思考一顆葡萄乾。就連三歲小孩都回答：有，喬身體裡面真的有一顆葡萄乾，而且如果醫生用特別的機器檢查喬，會發現有一顆葡萄乾在喬身體裡。

　　另一方面地，這些小孩也會說：沒有，約翰身體裡沒有真的葡萄乾，連「約翰的腦袋裡」也沒有。他們也說，如果醫生用特別的機器檢查約翰的腦袋，也不會發現裡面有一顆葡萄乾。此外，他們也堅持心智體和實際存在的東西不一樣。他們說：「不是真的。」、「其實什麼也不是。」

幻想朋友

了解上述的研究後，讓我們回頭思考幻想朋友這件事。很多權威人士包括皮亞傑，都認為幻想朋友在在說明了小孩無法分辨現實存在和想像出來的事物。

　　班傑明・斯波克（Benjamin Spock）醫生就是其中一位。他是一位聲名遠播的小兒科醫生，為新手父母撰寫了多本育兒書籍。他於 1998 年去世。斯波克 1946 年首次出版的《全方位育兒教養聖經》（*Baby and Child Care*）⁶至今仍是暢銷書。在 1976 年的版本裡，斯波克寫道：

> 　　我們在討論幻想朋友的當下，很適合思考小小孩對現實的掌握是多麼發育不完全。小小孩無法分辨幻想夢境和現實生活。他們不是很清楚電視節目只是螢幕上的表演。小小孩喜歡的、想要的、害怕的事物對他們來說都特別真實。父母最重要的工作之一，就是逐漸教會小孩分辨幻想和現實。

　　毫無疑問，斯波克受到皮亞傑的影響。但斯波克和皮亞傑一樣，他們的觀點並不正確。其實瑪喬麗・泰勒和其他人

6.　他的著作於 1948 年出版時，書名為 *The Commonsense Book of Baby and Child Care*（嬰兒與兒童照護的常識書）；1976 年第四版書名改為 *Baby and Child Care*（嬰兒與兒童照護）。中文版《全方位育兒教養聖經》則譯自第九版。

的研究都顯示[7]，小孩能輕易分辨幻想和現實、心智體和實際存在的事物。

而且擁有幻想朋友的小孩不僅能區別想像與現實，也表現出其他心智理論的長處。泰勒的研究中，有幻想朋友的小孩在錯誤信念測驗中，總是表現得比同儕好。回想一下第一章的葛蘭達和糖果盒，或第三章的莫法那和芒果仁，這兩個測驗都改變了物品的所在位置。有幻想朋友的小孩普遍比同儕更早了解葛蘭達和莫法那抱持著錯誤信念。

混合想像與現實——不只小孩，我們都會這麼做

小孩對現實的掌握有時候當然會不靈光。他們可能會被自己的夢境嚇到、把電影情節和現實搞混，也可能讓想像力漫無邊際地馳騁。小孩不會總是徹底將內心世界和外在現實分得一清二楚，大人也做不到。我們也會被噩夢嚇醒，噩夢一點都不真實，但噩夢產生的情緒卻千真萬確。我們找恐怖片來看，並不是因為覺得恐怖片裡發生的事都是真的，而是因為恐怖片激起我們真實的恐懼，但又不會讓我們真的陷入

7. 請見 Woolley, J. (1997). Thinking about fantasy: Are children fundamentally different thinkers? Child Development, 68, 991-1011.

險境。那種毛骨悚然的害怕來自影片的內容，而不是自己真的走在家附近一片漆黑、感覺很危險的地方。但影片本身生動寫實、引發的情緒如此真切，整個觀影過程也能讓人宣洩情緒，痛快又過癮。

小說作者就替自己和他人創造虛構的角色。有作者表示，筆下的人物會變成值得信賴的獨立個體，有自己的想法，並提供意外有用的寫作建議。英國著名的兒童文學作家伊妮・布萊頓（Enid Blyton）就曾說過：

我將攜帶型打字機放在腿上，閉上眼幾分鐘——我將腦袋完全放空，接著我就能清楚看見我的小孩，也就是我筆下的角色站在我面前。我能看清楚他們的樣子——頭髮、雙眼、雙腳、衣著和表情，而我也總是知道他們受洗時取得名字，但不知道他們的姓氏。我不知道他們接下來要說什麼或要做什麼。有時候某個角色開了個玩笑，好笑到我一邊笑一邊將玩笑的內容用打字機紀錄下來，一邊想：「哇，我好幾百年也想不出這麼好笑的內容！」[8]

這個情況並非大人脫離了現實，混淆了現實與虛構。這

讀心：我們因此理解或誤判他人意圖的心智理論

8.　摘自瑪喬麗・泰勒《幻想夥伴和創造他們的小孩》第 149 頁。

時創意思維正在運作，創造出很多心智體，他們是寫作時幫得上忙、受作者歡迎的幻想夥伴。小孩的幻想朋友運作的機制也類似於此。

小孩虛構出幻想朋友、平常假裝假扮的行為就是大人心智的簡單版樣貌。小孩這樣的過程是作家創作的基礎，之後讓作家能創造出活靈活現的世界和角色，這些世界和角色可能真實到也變成我們真實生活的一部份。

想想珍·奧斯汀（Jane Austen）的經典《傲慢與偏見》（*Pride and Prejudice*）中的男女主角，達西先生和伊莉莎白·班奈特。很多讀者認為，他們從這兩位身上學到英國攝政時期的知識，和閱讀英國史相關資料一樣豐富。至於《傲慢與偏見》的狂熱份子，他們建網站、成立俱樂部，同好齊聚一堂，打扮成珍·奧斯汀筆下的人物、模仿攝政時期英國人的行為舉止、談吐對話。2013 年更有一本暢銷指南問世──《如何談吐如珍·奧斯汀、活得像伊莉莎白·班奈特：妙語如珠與美妙人生指南》。[9]

這些都不是大人心智出狀況或精神崩潰，也不是錯把虛

9. 珍·奧斯汀的《傲慢與偏見》最初於 1812 年由艾格頓（Egerton）出版，查普曼（Chapman）於 1923 年編輯出版的版本現為標準版。至於珍·奧斯汀的「建議」，請見《如何談吐如珍·奧斯汀、活得像伊莉莎白·班奈特：妙語如珠與美妙人生指南》（*How to Speak Like Jane Austen and Live Like Elizabeth Bennet: Your Guide to Livelier Language and a Lovelier Lifestyle*）。

構當真實人生。這是我們孩提時候就有的想像力，是童年時期想像遊戲的延伸，這樣的想像力包括創造出幻想朋友。這一切都代表著我們認同一件事：小說／虛構[10]，至少好的、深刻的小說／虛構，能傳達真實人生的真相——伊莉莎白·班奈特能指引你活出更美妙的人生。想像、虛構是童年心智理論的產物，通往、揭示成年後的洞見與領悟。

小結

　　小孩長到三、四、五歲時，他們不僅知道想法和欲求會產生行為，也懂得說謊、保密和勸說這些重要的行為。他們了解想法是一個個「東西」，但沒有實體；他們明白想法是隱密的，不像行為和外觀顯而易見，而且想法不見得都是真的、正確的。他們也清楚自己喜愛的幻想朋友並不實際存在。事實上，在出奇年幼的階段，小孩就知道有些想法——那些「真實信念」——是為了如實反映現實世界、進一步形塑現實世界的行為。至於想像，則是在另一個不同的世界形塑各式各樣的事件，也就是小說／虛構的世界。

　　在小孩的日常生活中，也在小孩別出心裁、幻想的世界

讀心：我們因此理解或誤判他人意圖的心智理論

10. 譯註：fiction 有小說和虛構的意思。

裡，心智無所不在，時時刻刻展現它的豐富與美好。對我們大人來說也是如此，因為我們就是自身童年的受惠者。

第五章

心智理論的理論特性

經過幾十年的嘗試,二十年前,電腦終於首次打敗西洋棋大師。當時大家為電腦的勝利喝采,認為這代表著人工智慧(artificial intelligence,AI)的發展已然成熟。一般認為,西洋棋是能徹底展現人類智慧的活動,而這台超級電腦深藍(Deep Blue)打敗了棋王加里・卡斯帕洛夫(Gary Kasparov),勢必意味著電腦快接近人類的程度了。很快的,電腦也能從事其他人類的工作,像是翻譯、語音辨識;甚至精通電腦理論,能自己設計出更好的電腦系統。《2001太空漫遊》(*2001: A Space Odyssey*)這類的科幻電影及小說更加讓我們相信,大量應用人工智慧的未來離我們不遠。

很多預言都成真了。現在我們只要一台筆電,就能利用Google 翻譯將一種語言翻譯成好幾種語言。有一支 iPhone在手,就能向語音助理 Siri 問路,協助、訂票、口授寫信或搜尋推薦餐廳。亞馬遜公司(Amazon)的語音助理 Alexa除了處理這些雜事之外,也能先幫你發動汽車引擎、開啟車內空調,讓你繼續坐在餐桌旁吃早餐。

可見智慧科技一定已經跟人類一樣，或一定越來越像人類了，對吧？

呃，並沒有。其實，只有在科學家放棄複製人類的心智時，才能研發出可以聰明完成人類差事的電腦。現在智慧科技能完成這些「人類」的差事，靠得是高度運用非人類的方法：暴力計算法（brute-force computing），在巨量資料中窮近所有可能的運算方式。人工智慧稱為人工智慧必然有它的道理。[1]

暴力運算法充分利用電腦能高速計算與儲存大量資料的能力。深藍電腦下每一步棋之前，會先計算當下所有可能的下法，並計算每一種下法之後六至十步的變化。接著，深藍電腦會將這些可能的下法和記憶體中七十萬筆過去西洋棋高手的棋局下法比較，而且速度非常快，一秒內就能計算兩億個棋步。透過這樣的比對，選擇統計上最好的下法，最後成

---

1. 人工智慧目前最大的研究領域為機器學習（machine learning）以及最近的深度學習（deep learning）。機器學習的技術已超越深藍電腦具備的技術，機器學習的電腦程式不僅能快速處理大量的相關式，也能自行學習。運作 IBM 的人工智慧系統華生（Watson）就是機器學習的程式。華生參加了好幾次美國電視智力競賽節目《危險邊緣》（Jeopardy），打敗之前的人類冠軍。華生的系統中並沒有預先寫入所有可能的知識和各式各樣的事情，而是設計成能統計學習（statistical learning），恣意比對百科全書與報紙新聞等內容，以及益智問答桌遊 Trivial Pursuit 的問題與答案。華生第一次參加《危險邊緣》的問答競賽時，對手是它的程式設計師，之後則和其他人類比賽。過程中，華生不斷學到新的知識，至今仍持續學習，不過華生的統計學習仍然不是本章所講的理論學習的方式。理論學習是根據意義、解釋，以及理論和數據之間的互動來學習；華生則是自行搜集大量的資料，找出統計上與問題最相關的內容當作答案，這不是人類及及科學理論運作的方式。

功打敗加里‧卡斯帕洛夫。

　　讓電腦翻譯，就是所謂的「機器翻譯」，也是運用類似的方式。幾十年下來，電腦科學家不斷試著讓電腦用人類翻譯的方式進行語言轉換，但都以失敗告終。直到科學家開始依賴電腦龐大、非人類的記憶體和比對能力之後，機器翻譯才有所突破。

　　現在，科學家輸入大量原文文本和由人類翻譯的各式不同版本譯文到電腦裡，電腦再將原文逐字、逐句比對相應的譯文。這些資料都存在巨大的資料庫中。需要翻譯時，電腦就會挑選和原文詞句最常對應的譯文詞句。

　　這樣「資料探勘」（data-mining）的過程不僅說明了為什麼 Google 翻譯能快速提供多種語言的譯文，也解釋了為什麼譯文有時候很奇怪、不符合譯入語的習慣用法，甚至很不恰當。翻譯俚語俗諺（如「a close call」）或非字面意義上的隱喻（如「she was rocked by the news」）時，更容易出現這些情況。[2] 電腦的文法檢查也是同樣的運作機制，所以才會惱人地把你完美的句子改錯。你的句構可能沒問題，但統計上來說不是最常見的用法。自動校正的功能會直接改你的用字，有時候就會改得不知所云、啼笑皆非，徹底誤解你

讀心：我們因此理解或誤判他人意圖的心智理論

2.　譯註：a close call 意指千鈞一髮、僥倖逃過，但使用 Google 翻譯翻成中文則變成「親密電話」，因為 close 最常用的意思為「親近的」，而 call 的常用意思為「電話」。

的原意。

　　資料探勘牽涉到從大量資訊中比對出有關連的訊息，現在也逐漸和大數據（big data）結合。例如，亞馬遜公司就會運用你和其他人在亞馬遜網站上的購買紀錄，運用大數據和資料探勘，最後寄出最量身定做的商品廣告給你。

　　和電腦比起來，人類就無法做到這樣的資料探勘，但卻有辦法下一手好棋或精準翻譯。我們還能讀心——這是電腦做不到的。而且用的是完全不同的方法：我們建立出一套套理論，特別是發展出了心智理論。我們建立了一個涵蓋範圍很廣的理論，用來解釋很多事實、現象，接著也用這套理論理解新出現的細節。此外，我們也會調整理論本身，用來包納原本解釋不了的事情。這種思考方式——運用在日常的理論推導方式——遠遠超過資料探勘所做的。到底差多遠？天寶‧葛蘭汀的狀況能讓我們略知一二。

以圖像思考的天寶‧葛蘭汀

　　第一章提到的天寶‧葛蘭汀曾向神經學家兼作家的奧立佛‧薩克斯表示，她非常不擅長和小孩互動。她感覺得到一般的小孩已經很了解其他人，而且了解的方法是身為自閉症患者的她永遠學不來的。兒童能運用心智理論的觀念，也就

是想法、欲求、希望、觀念和偏好，輕易理解、欣賞他人的生活和心理狀態。然而，葛蘭汀用的方法完全不同，她透過搜尋、比對資料的方式，找到社交互動的規律規則。

　　葛蘭汀解釋，她長久以來建了一個經驗資料庫，大量儲存了類似錄影帶影像或 Youtube 影片的資料。她在腦中不斷播放這些片段，試圖了解其他人在不同狀況下會作何反應。接著，她用這些資訊預測人在類似情境中可能會怎麼做，或她自己該怎麼做。「這是很嚴謹的邏輯分析過程。」她說。她用的方法就是資料探勘，非常耗費心力，必須調度記憶、比對很多一般人都會忽略的細節。但她還是無法注意到很多我們輕易就能掌握的洞見。

　　葛蘭汀的第一座屠宰場設備頻頻故障時，她逐一檢查很多可能的原因，之後才明白某個員工偷偷在破壞機器。對她來說，人類的惡行並不合邏輯；對她以事實為基礎的思維來說，這也很陌生。她必須以全新的角度重新評估經驗資料庫裡的影片，如此一來，她才能「學會懷疑別人」。

　　這是沒有心智理論的生活，這是透過資料探勘來理解人情事故。深藍電腦也會遇到相同的問題，它不會知道犧牲棋子的棄兵（gambit）下法是為了欺騙對手。棄兵就像是混淆矇騙的手法、虛張聲勢的伎倆，或設局詐騙的險招；這麼做為了要讓對手感到困惑，或產生錯誤信念。深藍電腦不可能

為了混淆對手而出棋，只可能在資料庫中儲存了西洋棋高手下過的棋步，例如蘇格蘭棄兵（Scotch Gambit）、后翼棄兵（Queen's Gambit）或科克倫棄兵（Cochrane gambit）的資料，最後選擇統計上最有可能成功的下法。

如你所見，葛蘭汀意識到一般心智運作的模式，也了解自己的運作方式特別不同。她提到，她的腦海中會呈現具體的圖像，這是她心智運作的模式，能儲存影像、處理數字。當然，我們不清楚這樣的描述是否確實捕捉了她心智運作的真實樣貌。葛蘭汀在第二本自傳《星星的孩子：自閉天才的圖像思考》中提到，自閉症患者都以圖像方式思考，這說明了自閉症患者思考的長處及社交能力的不足。[3] 這個說法並不正確；有些自閉症患者常常以圖像方式思考，但普遍來說，自閉症患者並沒有比一般人更擅長圖像思考，也可能更不擅長。不過，她所說的內容有兩件事需要留意。首先，圖像思考就是她對自己心智運作的描述；第二，這並不是我們一般的心智運作模式。她透過資料探勘理解人際互動，而不是發展出一套心智理論來理解人。

葛蘭汀有次和奧立佛‧薩克斯在夜空下散步，她說：

3. 葛蘭汀於自傳《星星的孩子：自閉天才的圖像思考》（*Thinking in Pictures: and Other Reports from My Life with Autism*）中，描述了她的思考方式。她和奧立佛‧薩克斯提及壯美的對話收錄於奧立佛‧薩克斯的《火星上的人類學家》。

「我抬頭仰望星空時，我知道我應該要有一種『神秘的』感受，但我沒有。我很想體會看看。我只能理智上理解這種感覺。」

薩克斯問她：「你能感受到星空給人的壯美之感嗎？」

她回答：「我理智上可以理解。」透過資料探勘，葛蘭汀知道壯美一詞能用在哪——用來形容星空閃爍的黑夜、貝多芬的奏鳴曲，還有古老建築的遺跡。但感受到壯美？她感覺不到。

她的問題並不是沒有情緒，或是大腦的情緒迴路不正常。葛蘭汀能感受基本的情緒，像是悲傷、憤怒，甚至愛。她對牛就有深厚的喜愛。然而，壯美並不是基本、原始的情緒；壯美是需要搭配心智運作才會產生的感受。壯美是一種驚訝，因為接觸到神秘或偉大的事物後，受到震撼、感到折服而有的驚訝。

葛蘭汀對壯美的感受有著精湛的理解，但我們大部分人，就連兒童，都不是這樣感受壯美、也不用像葛蘭汀如此費盡心力才能懂得。我們能「體會」到壯美，因為發展、運用了我們的心智理論。至於葛蘭汀，就像其他自閉症患者一樣，並沒有我們視為理所當然的心智理論，所以無法體會到壯美，這個孩提時代普遍會體驗到的感受。

各式各樣的日常理論

透過葛蘭汀的不同，我們能更了解一般人如何發展出運用在日常生活中的理論，尤其是如何形成心智理論。這個過程就像科學家建構科學理論一樣。透過觀察或實驗，科學家累積數據；不過，他們更刻意偵測數據裡的規律規則，試著搞清楚、解釋為什麼是這樣而不是那樣。家喻戶曉的理論物理學家史蒂芬‧霍金（Stephen Hawking）就說：「科學的美在於替複雜的現象提出簡單的解釋。」[4]我們都試著創造出這樣的美。

科學家運用理論來解釋、弄清楚事情的來龍去脈，理論協助科學家組織、簡化複雜的原始現象。他們不是透過個別情況及相關性，而是運用理論在不同觀察結果之間尋找關聯。接著，科學家進一步將多個理論架構組織成更大的理論系統，就像愛因斯坦的相對論或達爾文的演化論。理論也能用來進行預測：新的數據會是什麼樣子？

這個過程聽起來好像很複雜，但其實我們每天都在建構各式各樣的理論。你現在待在餐廳裡，兩人座的桌子只有你獨坐。約會對象史達西沒出現，等再久都沒見到人影。你

---

4. 霍金在《時間簡史》（*A brief history of time*）中呈現了他的物理學觀點以及生命觀，淺顯易懂。可於網路搜尋霍金的名言，能找到很多內容。

想，「他一定是忘記了。」

你腦中適用範圍比較大的心智理論告訴你，人常會忘東忘西，記憶不太可靠。你也檢視了一遍你對史達西的理論。史達西算是仔細認真的人，但最近有點心神不寧，手機也有點故障，所以可能沒辦法檢查行事曆或打電話給你。雖然他沒赴約是件不尋常的事，但完全可以理解，這是最好的解釋。你交互比對了廣泛應用的心智理論和針對史達西的理論，這樣解釋行得通，結案。

不過，你隔天打電話給史達西時，卻發現他一點也不感到抱歉，也不打算再約一次，並轉換話題，草草結束通話。之後，好幾天內他都不接電話或回撥。這時你就得重新思考到底是怎麼一回事了。你的心智理論產生了新的解釋：感情會改變、熱情會消退，和史達西的關係或許「就到此為止了」。

這一連串的過程不是資料探勘。你不光只是記錄表面發生的現象、有多少通沒接的電話，然後計算趨勢。你不停留在表面，而是深究其中，透過你的理論、架構詮釋這些資料。最後你推斷出史達西沒赴約並不是因為突發狀況或忘記，而是他認為這麼做會得到他想要的結果。他就是在表明分手，你被甩了。運用理論時，你不只是累積數據資料，你還快速詮釋資料的意義。

而你的理論——包括對史達西的理論，還有對這段關係的理論，過程中也有變化。根據搜集到的資料，你的解釋從記性不好變成情感消逝。當然，你的解釋也可能是錯的。或許史達西當時有點小中風，暫時和平常不一樣。理論可能出錯，但理論總是在運作，而且也容許改變。

心智理論是我們的世界觀，對兒童來說也是如此。兒童很小的時候，心智理論就開始發展，並成為日後終生依賴的基礎。

建構各種理論

從科學理論改變和修正的過程來看，會發現理論有三個特性：

1. 理論是逐漸發展、變化而來的。

   舉例來說，天文學的理論就是逐漸修正進步。地球是平的→地球是圓的→太陽繞著圓的地球轉→地球繞著超大的太陽轉。

2. 理論的變化來自證據。

   早先是航海的希臘人觀察到的天體星象，接著是觀星台的觀測，最後是透過望遠鏡和天文攝影機取得更精密的影像；這些觀察改變了天文學的理論。新的證據或不同類型的證據都能阻礙、加速或改變理論的發展。

3. 先前的理論會限制或創造新的理論。

了解地球是圓的令天文學家認為太陽繞著地球轉。這個想法一開始阻礙了地球可能繞著太陽轉的想法，但也刺激科學家更仔細觀察太陽、月亮和行星，進而產生更多不同的計算和比較結果。最後，這些計算推導出了太陽中心說。愛因斯坦從牛頓的理論出發進行徹底的改造。霍金則以愛因斯坦的理論為基礎，加以延伸擴展。

心智理論是理論嗎？

我們的心智理論也是這麼運作的，因為心智理論真的就是一套理論，儘管聽起來很不可能。科學研究是由少數人進行，並且靠著高等學識、高科技支撐；日常思考並不是這樣。但兩者有很重要的共同之處。首先，我們用來了解人、行為和心理狀態的心智理論來自資料與理論之間的交互作用（不是資料探勘），科學理論也是這麼產生的。

其次，我們的心智理論運作的方式和科學理論一樣。心智理論提供了架構，讓我們用來理解日常發生的事情。儘管心智理論是從日常經驗和觀察發展而來，而科學理論則是奠基自高等學識和望遠鏡，兩者運作的方式其實一樣。

心智理論讓我們理解原本令人困惑的現實狀況。科學之所以讓我們信服，是因為我們認同科學理論最根本的價

值，也就是解釋、預測發生在身邊的事，而我們一天到晚都在解釋、預測身邊的一切。此外，科學、科學理論會如此發展，因為科學家和我們有相同的腦袋。不管是不是科學家，我們建構理論的基本能力來自嬰兒期、兒童期學會的心智理論技巧。

我和同事艾利森·高普尼克（Alison Gopnik）時常強調，這並不表示小孩是小科學家，這樣的解釋強調了科學的複雜性。反過來說，科學家其實是大小孩，像我們其他人一樣建構理論，只是他們建構的方式更有系統也更精準。[5]這樣比喻就把重點擺對了：重點是小孩；就像霍金曾說：「我只是個從未長大的小孩。我仍舊持續追問『怎麼做？』和『為什麼？』有時候，我找到某些問題的答案。」建構理論的能力讓我們具備了最重要、專屬於人類的學習和理解方式。[6]

科學和日常生活當然有所不同，科學理論和日常理論之間也存在差異，但彼此之間也有類似之處。兩者皆反映了一

5. 為什麼兒童不是小科學家，卻不斷建構理論，而成人科學家只是追隨兒童的腳步？更多討論可參考我的著作《打造心智》第十二章的內容。至於為什麼拿科學（及科學理論）比擬兒童的知識是個糟糕的隱喻，請參考保羅·哈里斯（Paul Harris）的著作《耳聽為實》（*Trusting what you're told*）第 206 頁，有更完整的論述。

6. 當然，我們在很多領域都建立不同的理論。天寶·葛蘭汀設計畜牧設備時，就發展出很多理論。她搜集資料、權衡各種可能與實際狀況，最後得出對牛隻和飼主最好的設計。然而，她無法運用同樣的方法來了解其他人的心理，但非自閉症患者卻能輕易學會、應用這套方法。

件事：所有理論都來自人的理解；更準確來說，都來自人的社會性理解（social understanding），也就是人對社會、人際互動的理解。科學研究就像是個社會企業，要能彼此合作，要能敏銳察覺對方的想法、信念，也要知道如何用對方相信的證據來遊說；這些事情四歲小孩大多都能做到。科學研究也需要以過往的知識為基礎，根據證據產生新的假設；這些事小孩也做得到。科學也強調解釋；小孩也在一連串「為什麼？」的提問後，努力提出解答。科學理論也需要認知及社交能力；小孩發展心智理論的同時，這些能力也一起成長茁壯。

如果建構理論的能力說明了小孩如何累積想法，那麼小孩的心智理論也應該具備科學理論的三個特性：

1. 心智理論是逐漸發展、變化而來的。

2. 過程中，心智理論會因為事實、證據而改變，因此不同生活經驗會使得發展時程不同、理解的順序也不同。

3. 先前獲得的知識會限制或加強之後的學習與發展。

就讓我們拭目以待。

第六章

一塊接一塊建構出心智理論

　　瑪莉是個美麗的寶寶，有著一頭深色捲髮、深邃大眼，以及可愛的方臉。瑪莉的父母喬和艾倫是新手爸媽，開開心心地從醫院帶她回家，迫不及待幻想她的未來，可能成為足球明星，或博士科學家，甚至當個美國總統吧！

　　瑪莉個性溫順，互動起來很有反應，會發出咿咿啊啊的聲音；艾倫唱童謠兒歌、喬對著她的肚子吹氣發出怪聲時，她就會很開心。喬和艾倫相信瑪莉是全世界最完美的嬰兒──她可能真的是。

　　瑪莉一歲時，艾倫頭一次感到擔心。她牙牙學語的情況減少了，而且還不會說話。

　　喬認為「我們把她照顧得太好了，她根本不用開口說話。而且她的腦袋也沒有問題，她能做出我們教她的嬰兒手語[1]，也能自己創造出幾個手勢。」

---

1. 現在很多家長會使用簡單的手勢和還不會說話的小孩溝通。這些手勢由加州大學戴維斯分校（University of California–Davis）的琳達・亞奎多洛（Linda Acredolo）博士發明，並將這些手勢命名為嬰兒手語（又稱寶寶手語）。常見的手勢包括「還要」、「牛奶」、「不要了」和「沒了」。小孩開始能講出字詞的幾個月後，嬰兒手語就漸漸不再使用了。

但艾倫無法放心。比起同齡小孩，瑪莉似乎比較沒有反應。直接面對面互動時還好，但如果不是如此，瑪莉有時候會沉浸在自己的世界，對外界渾然不覺。

瑪莉兩歲時，小兒科醫生將她轉介給聽力專家，一個月後，她被診斷為極重度聽障，可能一出生就聽障。

對聽力正常的父母生下聽障兒童來說，瑪莉的情況不算特殊，因為聽力障礙其實沒有想像中那麼容易檢查出來。大部分的聽障兒童像瑪莉一樣，會牙牙學語、和其他人互動，也會被大聲的噪音嚇到。巨大的聲響不只會發出聲波，也會發出震波，而聽障兒童感受得到，因此產生反應。如果身邊有重低音喇叭之類的物品在播放，他們也能感受到這些物品產生的振動。聽力正常的嬰兒和聽障的嬰兒之間的差別很細微，父母、甚至小兒科醫生常常不會發現。而且瑪莉出生時，並不是所有美國的新生兒都有接受聽力檢查。[2]

得知診斷結果後，喬和艾倫經歷了震驚、否認、悲傷和憤怒不同階段。他們必須徹底改變對瑪莉童年的想像、重新安排他們參與瑪莉童年的方式，並且重頭規劃她的未來。唯有如此，才能開始學著怎麼給予瑪莉最好的照顧。這是個很

讀心：我們因此理解或誤判他人意圖的心智理論

2. 截至 2010 年，美國各州都有針對新生兒進行聽力檢測的相關要求，但全國來說並沒有一致的規定。甚至到現在，大約 5% 的美國新生兒沒有接受聽力檢測。

緩慢的過程，就像美國大部分的成人一樣，喬和艾倫對聽障所知甚少，對聽障兒童的教育、服務資源和發展機會更不清楚。

瑪莉三歲時，艾倫扛起一項艱鉅的任務——學習美國手語。艾倫學會手語的話，就能協助瑪莉學習語言，也對她之後的學習成就有幫助，像是閱讀能力。而且，他們越早開始學越好。

當然，瑪莉和父母早就能溝通。他們會用手指物品、玩手指遊戲、揮手道別等等。他們也運用某些嬰兒手語，並無意識地發展出一套「居家手語」（home sign）[3]，這是一套家人都懂的手勢，例如一根手指上下搖動代表「搔癢」、拍胸脯表示「我」，而拍頭則是「帽子」或「頭髮」。而且瑪莉比她父母更常將兩個居家手語以一般的順序連在一起，用來表達更多的想法或要求，像是「幫我搔癢」和「媽媽的帽子」。

看來，瑪莉和艾倫有共同的基礎能一起努力。然而，美國手語就像其他手語、口說的語言一樣，複雜又武斷。例如，英文口語裡的詞彙「媽媽（mom）」、「房子（house）」或「名字（name）」和現實中母親、房子或某個人的名字並

---

3. 譯者註：也譯作居家手勢。

沒有實在的關聯，美國手語也是如此。另外，美國手語有自己一套文法和句法，並不像英文，也不像任何口說的語言。美國手語並不是透過排列字詞來表達，而是運用手形、利用手朝向的方位和打手勢的位置等三度空間來傳達意義。

　　儘管艾倫盡全力學，她從來無法真的精通。聽力正常的父母很少有人能做到真的精通，而且在孩子還很小的時候更不容易學到非常好。就像西班牙文初學者一邊看片語書一邊試著講一樣，艾倫僅能打出簡單的手語、手勢，來指涉當下在眼前的事物。

　　認清自己的極限、發現自己不可能精通美國手語的文法和句法後，艾倫把焦點放在其他自己能做好的事情上。她教瑪莉日常物品和動作的手語，例如書本、女孩、球、狗、跑、喝、湯匙等等。和大部分聽力正常的父母不同（也和聽障父母與聽障兒童的互動不同），艾倫和瑪莉相處的大部分時間都用在教學。[4]

　　艾倫和喬堅定地持續努力，但和聽障父母養育的聽障兒

4. 聽障兒童的研究專家馬克‧麥斯切克（Marc Marschark）描述兩者互動的文章，請參考 Vaccari, C., & Marschark, M. (1997). Communication between parents and deaf children: Implications for social-emotional development. *Journal of Child Psychology and Psychiatry*, 38, 793-801. 若想更全面地認識他的主張與療法，請參考他更淺顯易懂的著作《如何養育聽障兒童》（*Raising and educating a deaf child*）。

童相比，瑪莉的生活經驗還是大不相同。那些聽障兒童會成為「以手語為母語的人」。從聽障兒童出生開始，身邊以手語為母語的人就使用手語和小孩溝通，而且隨著小孩長大，表達的意思、打出的手勢會越來越複雜；聽力正常的父母與聽力正常的小孩之間的互動也是同樣的情況。而且這些大人之間都以手語溝通，這是小孩接觸得到的方式：小孩看得到，不像聽障兒童聽不到聽力正常的父母之間的對話。總之，這些聽障兒童長大的環境充滿人際互動、自然而然又順暢無阻，並且從他們出生開始，這些互動就以他們能理解、接觸到的形式充斥在他們的生活中。相較之下，瑪莉的人際互動就顯得破碎不成整體，而且大多都是單方面接受教導。

自從瑪莉開始上學以後，她每天都和其他聽障兒童互動，有些是以手語為母語，而且學校還有手語流利的老師。可想而知，瑪莉的手語能力很快就超過艾倫。她的人際網路同時擴張又限縮了——擴張指的是不再限於家人，限縮意味著她也越來越偏好和使用手語的人互動。

建構心智理論

因為人際互動、社會化和溝通的方式不同，和聽力正常

的兒童相比，瑪莉和其他聽障兒童發展心智理論的速度非常不同，這樣的差別也深深影響他們未來的發展。當然，聽障只是孩提時期影響心智理論發展的眾多因子之一，但這是影響很深遠的因子。

心智理論是一個複雜龐大的思想系統，處理人類的心理活動。我們對內心的私密性，以及對情緒、意圖、想像等心智體的想法是心智理論發展的基礎，也是心智理論運作後的產物；這些想法也讓我們能偽裝、欺騙、理解、說服和教學。

這些都是人類非凡的成就。不過，就如同任何複雜的建築工程，心智理論也得逐步發展完成。研究員從兒童身上觀察到心智理論發展的階段，主要有五個階段性里程碑。

1. 欲求相異（**Diverse Desires**）：即使針對同一件事物，每個人的喜好、欲求可能都不一樣。小孩理解這件事時，就能明白這個人喜歡蘋果，但那個人不喜歡。

2. 信念相異（**Diverse Desires**）：針對同一個情況，每個人相信的事情可能會不同，可能會有不一樣的想法。假設小孩看到兩個人在端詳一個緊閉的白色盒子。如果小孩處於這個階段，就能明白針對盒子裝了什麼，這兩個人的看法可能不盡相同。整體來說，小孩知道信念、看法、想法因人而異。

3. 知情程度相異（**Knowledge–Ignorance**）[5]：除了有不同想法，有人可能確實知道盒子的內容物（裝著一顆蘋果！）；但有人卻可能毫不知情，小孩能理解這樣的差別。簡而言之，小孩明白有些人知道的事情，另一群人不一定知道。

4. 錯誤信念（**False Belief**）：不知道和抱持錯誤信念並不是同一回事。《羅密歐與茱麗葉》中，羅密歐不僅不知道茱麗葉發生了什麼事，他還（誤）以為茱麗葉已經死了。發展到這個階段時，小孩明白有些人對某件事的理解、抱持的看法或信念可能完全背離這件事的實情。

5. 心智隱藏（**Hidden Minds**）：所有心理狀態，包括欲求、知情與否和想法等等，不一定外顯於人的表情、行為、言談上。有人可能為了向招待他的主人展現禮貌，明明很討厭蘋果卻假裝很喜歡；有人可能一無所知但剛好猜對，因此好像早就瞭若指掌。這個階段的小孩明白：人能掩藏心理狀態，心理狀態不一定會表現出來。

5. 譯註：這個階段也有學者稱為「知識取得（Knowledge Access）」。

圖 6.1 兒童了解心理狀態的五階段

這幾張圖描繪了兒童了解人的心理狀態的階段歷程。研究人員對每一個階段都有深入的研究。「青花菜與小金魚」是我最喜歡的實驗之一，現在已經成為經典，並衍生出很多類似的實驗。這個實驗就在研究第一階段：欲求相異。

加州大學柏克萊分校的貝蒂‧雷帕裘利（Betty Repacholi）和艾利森‧高普尼克（Alison Gopnik）請十八個月大的小孩吃青花菜和金魚形狀的香酥餅乾，並請他們回答比較喜歡哪一項。[6] 一點也不意外，幾乎所有小孩都選小金魚餅乾。

接著，貝蒂當著小孩的面也分別嚐了嚐兩項食物。吃其中一項時，她會露出微笑說「好吃」；吃另一項食物時，會皺眉面露不悅地說「難吃」。一半的小孩看著貝蒂在「符合小孩喜好」的情境下進行這兩件事：她喜歡小金魚餅乾（微笑表示好

6. 請見 Repacholi, B. M., & Gopnik, A. (1997). Early reasoning about desires: Evidence from 14- and 18-month-olds. *Developmental Psychology*, 33, 12-21. 艾利森‧高普尼克進行青花菜與小金魚的實驗影片有上傳 Youtube（https:// www.youtube.com/ watch?v=GkYQg0l5bMY）。

吃）、討厭青花菜（皺眉表示難吃），這個反應和小孩的偏好一致。至於另一半的小孩，貝蒂則表現出「不符合小孩喜好」的情境：她喜歡青花菜，但不喜歡小金魚餅乾。

接著就進行測驗。貝蒂和小孩中間隔個一張桌子，桌上放著兩個碗。其中一碗裝小金魚餅乾，另一碗裝青花菜。貝蒂把手伸向兩個碗，看著小孩說：「我還想要再吃，你能再多給我一點嗎？」

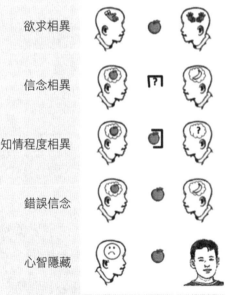

欲求相異

信念相異

知情程度相異

錯誤信念

心智隱藏

這幾張圖描繪了兒童需要經歷這幾個階段，
一步步了解人的心理狀態。

圖 6.1：理解心智理論的各個階段

貝蒂非常謹慎，避免讓小孩覺得她有特別想要哪一碗，但十八個月大的小孩幾乎都會拿貝蒂喜歡的食物給她。也就是說，在「不符合小孩喜好」的情境下，小孩會給貝蒂青花菜；而在「符合小孩喜好」的情境下，小孩會給貝蒂小金魚餅乾。

這個測驗顯示，兒童能理解多元的欲求：不同人有不同的想望、衝動、好惡。兒童自己可能喜歡小金魚餅乾，但貝蒂喜歡的卻是青花菜。再稍微大一點的兒童就能表達得很清楚：

三歲半的蘿絲：這個在我麵包上的東西吃起來酸酸的……我不喜歡。（把麵包遞給爸爸）

爸爸：你為什麼覺得我會喜歡？

蘿絲：因為你喜歡吃酸的東西，就吃啦。

一步步發展

這五個階段各有各的細節和分別，一般兒童發展心智理論時，我們不會明顯察覺到發展過程中的變化。不過，就像第三章提到的，兒童什麼時候開始理解心智理論、理解到什麼程度，對兒童的未來影響深遠。

學者對數百位美國、加拿大、澳洲、德國等國家的學齡

前兒童進行測驗，了解他們對心智理論這五個階段的理解情況。[7] 圖 6.2 顯示，兒童像走樓梯往上一般，從左到右、依序學會這五個階段。如果兒童只學會心智理論中的一項，那一定就是只明白了欲求相異。如果兒童發展出了三項，那一定就是欲求相異、信念相異，和知情程度相異。兒童不會先掌握了圖 6.2 右邊的技能（例如錯誤信念），才學會這項技能左邊的其他項。

由此可知，學會心智理論的過程符合第五章所說的第一項理論建構特色：理論是逐漸發展而來的。

學者也測出了兒童精通每個階段的平均年齡，這份數據適用於很多西方國家的兒童。圖 6.2 顯示，大部分兒童到五歲半時，就會完全掌握這五個階段。

然而，心智理論的發展也可能推遲。像瑪莉這樣父母聽

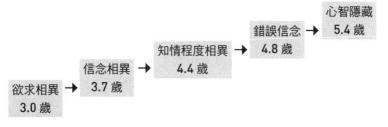

圖 6.2 階梯狀的心智理論發展示意圖。每個階段下面的數字（例如 3.7）表示兒童發展到這個階段的平均年齡。

7. 我在著作《打造心智》（*Making minds*）中整理了針對不同國家兒童、聽力正常或失聰兒童的大量研究。

力正常，但自己卻重度聽損的兒童，心智理論的發展就嚴重推遲。聽障兒童的發展遲緩可能和自閉症兒童的發展遲緩程度相同，儘管遲緩的成因完全不一樣。

圖 6.3 分別呈現了聽障兒童和聽力正常的兒童心智理論發展的平均年齡。父母聽力正常的聽障兒童發展心智理論的順序和聽力正常的兒童相同，但聽障兒童學得比較慢。

心智理論的發展：有聽障父母的聽障兒童

5% 的聽障兒童他們的父母可能有一位或兩位也同樣聽不見，這些小孩的心智理論發展就非常不同。他們和聽力正常的小孩一樣，很小就生活在有語言溝通、社交互動的環境裡，差別只在這些溝通互動是以手語進行而非口說。以手語為母語者發展心智理論的時程和聽力正常的小孩一樣，並且也是按部就班學會，如圖 6.3 所示。

至於剩下 95% 的聽障兒童沒受到語言的刺激，因為外在環境的語言交流都是以口語進行。如果他們像瑪莉一樣學手語，也是等到大了一點才學，也就是後天手語者。這些小孩的心智理論發展嚴重遲緩，可能推遲到青春期甚或遲至成人期。就我們所知，心智理論發展即使只是稍微推遲，都會影響到兒童社交技巧的學習、和同儕之間的互動，以及之後銜接到學校教育的適應情形。

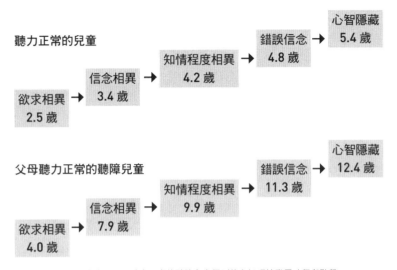

圖 6.3 聽力正常的兒童及父母聽力正常的聽障兒童個別的心智理論發展時程與階段。

聽障兒童的情況顯示，心智理論是透過學習而來，並不是天生就會。心智理論並不是必然會發展出來，不然父母聽力正常的聽障兒童發展心智理論的時程就會和聽力正常的兒童一樣。尼加拉瓜的聾人社群更進一步證實了這個結論。

目睹一個手語的誕生

手語不像默劇表演或玩比手劃腳遊戲使用的手勢，也不像因為部落間貿易需要而發展出來的北美原住民手勢系統。手語是一套完整的語言，有和口說的語言一樣複雜的文法、句構。手語和手語之間也各不相同，就像西班牙語、中

文、英文各自有別。其實，手語間的差異更大。美國、澳洲、英國的英語使用者互相聽得懂，但使用美國手語、澳洲手語和英國手語的人卻無法彼此溝通。

一群聽障者經過好幾代共同生活、彼此互動，才會發展出手語。直到這三十幾年，尼加拉瓜才發展出屬於當地的手語，因為在此之前聽障者互不來往。大部分的情況下，聽障者都各自生活在鄉下的小社群裡，僅透過簡單的手勢和家人、朋友溝通。1979 年，桑定民族解放陣線取得尼加拉瓜政權，並進行教育體系的改革。其中，政府在首都馬納瓜設立了一間啟聰學校，國內各地很多聽障兒童都前來就讀。

這間啟聰學校採用嚴格的「口語至上」教法，著重訓練兒童讀唇語、進行口部運動，想要訓練聽障兒童說話。課程則是由聽力正常的人來教，而不是由聽障者進行。長久以來，這就是啟聰教育的主要教法。當然，不管哪裡都一樣，這種教法成效不彰，尼加拉瓜也不意外。

然而，在校車上、操場上、在午餐時間裡，這些聽障兒童聚在一起，比劃手勢互相溝通。第一批入學的學生，也就是建校頭兩三年入學的學生，只建立起一個粗糙簡單的手勢系統，就像北美原住民的手語一樣。

幾年後第二批學生入學，他們直接接觸到這個原始的手勢系統，並開始改善這套系統。他們替動詞加上時態、為名

詞冠上修飾語，也比劃出像句子一樣越來越長的手勢，讓這個系統越來越複雜，也越來越完整。

接著，第三批更晚入學的學生，更進一步改善這套語言系統，發展出現在所謂的尼加拉瓜手語。尼加拉瓜手語是一群聽障學生的集體創作，透過連續好幾屆學生相處在一起、互相交流而產生。

而學任何語言，不管口說語言或手語，要學得流利都得把握關鍵期。除非接觸的夠早，不然只會說出一口有腔調、不完整、拼拼湊湊的西班牙文或中文。[8]

第一批入學的聽障學生就是這種情況，他們在青少年時期才學手語，所以注定不是手語母語者，只會使用簡化、截頭去尾的手勢系統來溝通。他們比劃時，大多講得是當下發生的情況，字詞像是「貓」、「跑」、「回家」就拼接在一起，構成簡單的片語像是「貓跑回家」，沒有時態等其他變化。使用的字彙中，少有字詞指稱看不到的事物，而且沒有字詞指稱人的心理狀態，像是欲求、想法或心智，也沒有類似「思考」和「想要」的字詞。

經過好幾批學生的互動相處後，這個情況有所改變。到了第三批學生時，這群年紀比較小的手語使用者進一步改進

8. 錯過學習關鍵期的成人中只有少數能說得跟母語者一樣好。

了這套系統，讓尼加拉瓜手語發展成熟。這時就有完整的字詞和語言結構，其中也加入了指涉心理狀態的字彙。[9]

　　至於第一批開始使用手語的聽障者，他們長大的過程中沒有字詞或文法能表現心理狀態。很幸運地，有一份長期的研究追蹤了他們情況，讓我們了解他們心智理論的發展狀況。這一批學生大約在二十二歲時接受心智理論測試，大部分人都無法通過標準的錯誤信念測驗。（也就是說，他們這麼大了都還無法掌握心智理論量表上的第四階段；對聽力正常的尼加拉瓜兒童來說，五歲就能通過這個階段的測驗。）

　　不過，接下來的幾年，這些大人參加了一個聾人聯誼俱樂部，漸漸學到和心理狀態相關的手語，因為他們在俱樂部裡，和從小就使用這些手語、較年輕的聾人交流互動。他們手語文法的複雜程度沒有改變，但詞彙量卻變多了。大約二十五歲時，這一批人再接受一次錯誤信念的測驗，他們的表現都有進步，表現和較年輕聾人差不多。

　　心智理論發展的時間端看兒童有什麼樣的生活體驗，也因此可能會嚴重推遲。不過對發展遲緩的兒童來說，幸好直

9. 關於尼加拉瓜手語在不同批學生的互動下如何誕生、發展，可參考這篇精彩的短文 Senghas, A., Kita, S., & Ozyürek, A. (2004). Children creating core properties of language: Evidence from an emerging sign language in Nicaragua. *Science*, 305, 1779-1782. 至於手語程度如何影響心智理論的發展，請參考 Pyers, J. E., & Senghas, A. (2009). Language promotes false-belief understanding: Evidence from learners of a new sign language. *Psychological Science*, 20, 805-812.

到成人期都能持續學習心智理論。

加強心智理論的發展

顯然不好的情況會造成心智理論發展遲緩，進而產生負面影響；那麼比較好的情況會加速發展，或發展得更好嗎？這種情況也會產生相應的結果，不過是正面的影響。

珍妮佛・安斯特勞（Jennifer Amsterlaw）、瑪喬麗・羅德（Marjorie Rhodes）和我決定研究這個面向，並將研究鎖定重要的發展階段：理解錯誤信念。我們進行了幾項測試，[10]找了一群剛滿三歲的小孩，他們都沒有通過錯誤信念的測驗。我們將小孩平均分成兩組，一組作為基準的對照組，這一組的小孩維持原樣，沒有安排任何改變。由於這個年紀的小孩通常需要一到三年才能完全掌握錯誤信念，因此在為期十二週的研究裡，這一組小孩理所當然不可能有進步。

至於另一個實驗組的小孩，我們安排小孩接觸到更多的

10. 我們的研究顯示，讓小孩解釋因為錯誤信念產生的行為，能加強他們對錯誤信念的理解。研究請見 Amsterlaw, J., & Wellman, H. M. (2006). Theories of mind in transition: A microgenetic study of the development of false belief understanding. *Journal of Cognition and Development*, 7, 139-172. 以及 Rhodes, M., & Wellman, H. M. (2006). Constructing a new theory from old ideas and new evidence. *Cognitive Science*, 37, 592-604.

錯誤信念情境。六週內,實驗組的小孩看了很多不同的錯誤信念短劇,例如:馬克斯要找出被藏起來的糖果;莎菈把自己最喜歡的娃娃放在玩具間,但她沒注意時,娃娃被移到臥房;約瑟的狗躲到車庫裡等等各種橋段。每次搬演完一個短劇後,研究人員會請實驗組的小孩預測找東西的人會去哪裡找被藏起來的物品。

這些小孩都沒有通過錯誤信念的前測,所以一開始當然都預測錯誤。例如他們會說,莎菈會去臥房找娃娃,就算莎菈其實把娃娃放在玩具間,而且沒有看到娃娃被移動的過程。

等他們預測完,短劇會繼續上演,這組小孩會看到莎菈到玩具間找娃娃,而不是去臥房找。接著,研究人員會問小孩:「為什麼莎菈要這麼做?」不管小孩回答什麼,研究人員都會說:「喔,謝謝。」

小孩一開始解釋莎菈行為都很站不住腳或完全離題,例如會說一些不相關的話:「她變了,她現在不喜歡那個娃娃了。」或直接說:「我不知道。」

然而,幾天、幾個短劇下來,小孩的解釋有所改善。他們開始會說:「她沒看到娃娃被移動」,或「她不知道娃娃不在那裡」,甚至會說:「她認為娃娃在玩具間。」儘管研究人員除了「喔,謝謝」,都沒有提供其他反應,實驗組小孩

的解釋就這樣慢慢進步了。

隨著小孩一次又一次的解釋，他們對錯誤信念情況的預測也有所改善。十二週實驗結束時，他們預測的正確率從原本的 0% 進步到大約 70%。

這個實驗顯示，我們能提升兒童推論心智理論的能力，也找到提昇的方法。要求兒童進行預測並提出解釋，這麼做讓兒童有更多機會建構並詮釋各種理論，讓他們有機會建構理論，因此加強了心智理論的發展（請參考補充說明6.1）。

前一章提到的第二項理論建構的特性：發展過程中，理論會因為事實、證據而改變，因此不同生活經驗會使得發展時程不同、理解的順序也不同。這些研究以及聽障兒童的數據都證實了這項特性，說明發展時程會因生活經驗不同而有所改變。

補充說明 6.1：
為什麼都是「為什麼」？

我們的研究著重讓小孩提出解釋。小孩十分著迷事情發生的原因，這也說明了學齡前兒童都有段時間開口閉口都是：「為什麼？」、「為什麼？」、

「為什麼？」這常讓父母抓狂。

三歲九個月的小孩：蝸牛能吃嗎？

媽媽：可以，有些人會吃蝸牛。

小孩：為什麼？

媽媽：因為他們喜歡蝸牛。

小孩：為什麼？……我就不喜歡吃蝸牛……

為什麼有些人喜歡蝸牛？

而且小孩最想知道答案的問題則是為什麼這些人會做這樣的事（他們怎麼會吃蝸牛？！）。

有益的經驗能加速小孩心智理論的發展，而缺乏這類經驗則會減緩發展。有益的經驗中，最重要的就是讓小孩解釋為什麼，這能刺激小孩創造、修改理論。相關研究顯示，在家和父母對話會常解釋、說明的小孩，錯誤信念的測驗都表現得最好。

兒童像大人一樣，會建構理論，用理論進行預測、解釋事情發生的原因；預測錯誤，就面對失敗，試著找出更好的解釋。兒童從這些經驗中修正、改進原本的理論，而這就是我們的實驗讓他

們做的事。

會有不同的發展順序嗎？

目前為止，我們都在討論心智理論發展的時程。那發展的順序呢？如果兒童是從經驗中學習，發展出心智理論，那麼不同的生活經驗可能會改變兒童心智理論發展的順序。有一項自然實驗的結果就證實的這樣的推測。這個實驗比較了在西方文化和中國文化長大的兒童。

學者認為，西方文化和亞洲文化在個人主義和集體主義的層面有很大的不同。西方人強調個體性及獨立；而中國人則著重團體共同性和互相依賴，這也是亞洲普遍的價值取向。歷史學家將這兩者的差別回溯到亞里斯多德和孔子。亞里斯多德在意的是真相、主觀性和個人信念；孔子則強調正直的人都該學習的那些實用、大家普遍接受的知識。

至於現代親子對話談到人的主題，中國父母側重「知道」哪些人掌握的看法和知識是正確的、是好的，哪些人則否。美國父母注重的則是「思考」不同人之間想法和觀念的差別是什麼。

在心智理論量表上，中國的學齡前兒童呈現出不同的發展順序，這和前述的文化差異有所呼應。圖 6.4 比較了美

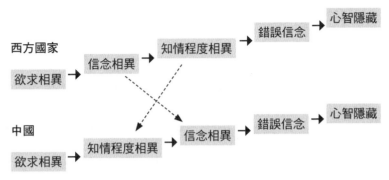

圖 6.4　心智理論發展的順序：比較北京長大的學齡前兒童和使用英語的美國與澳洲學齡前兒童。

國、澳洲的兒童和中國北京的兒童。西方國家和中國的兒童都先理解第一階段欲求相異，但之後就有所不同。西方國家的兒童接著學會信念相異；而中國兒童接著卻先懂得知情程度相異，[11] 也就是階段二和階段三對調了。

　　這類的比較顯示，不同地方的兒童可能有不同的心智理論發展階段。[12] 雖然大部分兒童最後都會發展出一套「標準」解讀心理狀態的洞察力和技巧，但學習過程會因為文化差異而有所不同。

　　這些進一步的探討也證實了理論建構的第二項特性：發

讀心：我們因此理解或誤判他人意圖的心智理論

11. 不是只有中國兒童的心智發展特別不同。在同樣強調集體主義的伊朗，那裡的兒童也呈現一樣的發展順序，先理解知情程度相異，才明白信念相異。

12. 雖然伊朗的穆斯林文化和中國的儒家／社會主義文化有很大的差別，兩者都強調集體主義的家庭價值、集體共識，比較無法容忍意見不合或個人信仰。這些因素都有助於解釋兩者心智理論發展的順序很相似，也說明了為什麼和美國及澳洲等西方個人主義國家的發展順序不同。

展過程中，理論會因為事實、證據而改變，因此不同生活經驗會使得發展時程不同、理解的順序也不同。兒童的人際互動、溝通的經驗決定了兒童心智理論的發展時程和順序。

理論創造理論

至於第三項理論建構的特性呢？先前的理論會限制或創造新的理論。

回到我和同事進行的研究。平均來說，小孩接受了心智理論的加強訓練後都有進步，不過各自進步的幅度差異很大。訓練完接受錯誤信念的後測時，有些小孩的正確率達100%，有些則是 50%，還有些小孩基本上都沒有答對，正確率很低。但是這些小孩受到的訓練都一樣，為什麼他們的訓練成果差這麼多？

在我們某些研究中，我們安排小孩一開始先接受測試，了解他們發展到心智理論量表的哪個階段。前測時，所有小孩都沒有通過錯誤信念測試（階段四）。不過，大約一半的小孩了解知情程度相異（階段三），而另一半只有發展到信念相異（階段二）。也就是說，實驗開始時，有些小孩的心智理論發展比較超前。

已達到階段三（知情程度相異）的小孩中，75% 的小

孩最後都通過錯誤信念測驗；至於只有達到階段二（信念相
異）的小孩，最後都沒有人通過錯誤信念測驗。

研究結果顯示，小孩的經驗決定了心智理論發展是否有
所進展，因為只有接受訓練的小孩有進步。不過，訓練開始
時，小孩已經具備的程度也會影響訓練的結果。大部分發展
到階段三的小孩受訓後都能理解錯誤信念；但大部分只發展
到階段二的小孩最後都無法理解。

這就是第三項特性的證明：不僅發展過程中接觸到的經
驗會影響發展，原本具備的理論、程度也會影響發展。小孩
的程度快要能理解錯誤信念時，就有助於學習錯誤信念，而
且也真的有進步。但如果程度還遠遠不及，學習效果就非常
有限。

就像堆積木一樣

兒童學習的方式不是靠蒐集知識並找出趨勢——不是靠
資料探勘來學習；反而最像科學家在既有的理論之上建立起
新的理論。天文學家哥白尼（Copernicus）用新的數據推翻
托勒密（Ptolemy）的學說，接著伽利略（Galileo）再推翻
哥白尼的理論。兒童以先獲得的理解和經驗為基礎，開始建
構心智理論。

他們早早理解了人有不同的欲求，這讓他們有辦法了解人，以及人的行為。爸爸喜歡甜甜圈，所以爸爸會去櫃子拿。不過，萬一他去別的地方找呢？他竟然去開冰箱？我們很容易會想到「因為他不知道甜甜圈放哪」（知情程度相異），或「他認為甜甜圈在冰箱裡」（錯誤信念）。

然而，對只理解欲求相異的小孩來說，爸爸的行為就是個謎。為什麼爸爸不去櫃子裡拿甜甜圈？他就想要甜甜圈啊。小孩試著解釋給自己聽時，就開始學習關於人的新觀點。不僅要考慮到人的欲求，人的想法也很重要，而且有時候想法是最重要的因素。

小孩真的會這樣一步一步發展出心智理論嗎？聽起來很不像小孩會做的事。不過，我們一定目睹過小孩用積木蓋高塔，把比較大塊的積木放在底部，用來支撐上面的其他積木。或者，我們也一定曾目睹高塔垮掉的瞬間，並看到小孩嘗試改善堆積木的方式，進而蓋出更穩固、更高的積木塔。學齡前兒童的智力測驗中，幾乎都會用上堆積木，因為較高的積木塔更複雜，學齡前兒童需要更高的智力才做得到。

心智理論的發展不像堆積木那樣顯而易見，但發展的過程非常相似：透過不斷探索、發現，一步步建構起來。發展心智理論時，兒童堆疊一塊塊認知能力的積木，組裝成一個

個想法的高塔。對兒童發展研究者而言，這段過程原本是一團謎；不過對兒童來說，就像用實體的積木蓋房子一樣，輕而易舉。

心智理論是個複雜的體系，需要一步步發展建構而成；這些發展階段不但彰顯了心智理論的特質，也讓我們明白要繼續發展下去需要什麼條件。兒童一定會學著建構、改善不同的理論。這是童年了不起的成就，讓身為成人的我們能判讀心理狀態；這是年幼的我們留下來的禮物——我們不斷運用這項能力，並持續發展、改善這項能力；終其一生，毫不間斷。

第七章

嬰兒心智的飛躍性成長
——解讀心智的起點

　　讀心開始於學齡前，因為這個時期建立了一座中繼站。這座中繼站是兒童更早之前一路學習的成果終點；也是未來學習的新起點。這個「更早之前」指的就是嬰兒期，學齡前發展出的讀心能力，都來自嬰兒期的累積。

　　本章首先要傳達的訊息就是，不像科學家過去認為的那樣，嬰兒不是沒在動腦的小生物。即使是嬰兒期的第一年，嬰兒對於自身所處的人際環境就有驚人的認識。嬰兒個頭雖小，心智發展卻沒有受到侷限。至於第二個要傳達的訊息呢？這種對人際環境的認識，嬰兒不是一生下來就有。與生俱來的反而是非凡的學習能力，特別是針對群體社會的學習能力。

　　嬰兒期結束之際，也就是兩歲時，小寶寶已經具備發展社會能力的基礎；嬰兒時期奠定的基礎，讓學齡前兒童對人際互動的認識有長足的進展。就像學齡前的哥哥姊姊一樣，小寶寶也是透過仔細觀察、拼湊蛛絲馬跡來學習，就像

用積木組裝城堡一樣。

但很長一段時間，我們並不知道嬰兒是這麼學習的。怎麼可能知道呢？這些小小人不能講話，對自身肢體動作的控制也很有限。多年來，科學家費盡心思研究，才發現小寶寶是何等聰明。學者如何發現嬰兒到底懂什麼的過程，幾乎和學者的發現一樣驚人。

嬰兒的社會性理解

早在學者的研究結果出爐之前，父母就認為小孩從很小的時候就具備社會性理解（Social understanding）。身為父親的我首次意識到這件事時，是小雷剛出生沒幾個月大的時候。當時我在看一隻鳥，而小雷也轉頭看。接著，他回望我，並露出微笑。

「哇！」我想，「我們都對同一件事情感興趣。」小雷在告訴我：「你喜歡那隻鳥，我也是。」

這是真的嗎？又或是我的讀心機制火力全開，自以為小雷有想法、情緒和欲求；一廂情願地希望他擁有小寶寶不具備的能力？小寶寶能明白別人的喜好嗎？我們不是更應該認為，是某個未知的本能機制，自動觸發了小寶寶的眼神和微笑，這樣感覺更合理？

好幾十年來，這就是科學界的共識，儘管和爸爸媽媽們的主張背道而馳。1890 年，美國心理學之父威廉‧詹姆斯（William James）就表示，嬰兒體會到的世界是「一片繁盛、嘈雜的混亂」。他和很多人都認為，外界各式各樣的刺激衝擊著寶寶的感官，毫無章法、毫無意義地牽動寶寶的注意力；當時沒有人提出像心智理論一般統合的原則來解釋。

回到小雷身上，所以他真的有意識到我的喜好、或注意到我們當時正在一起經歷一件事嗎？還是單純只因為父母視角，所以小孩做什麼都饒富趣味？嬰兒是怎麼看待人的呢？科學家又怎麼有辦法找出答案？

找出答案的方法

長久以來，很少有文獻紀錄兒童的社會性理解。母親、祖母、產婆通曉的大量實務知識在過去只靠口耳相傳。日記比較能提供持久的資訊，父母親紀錄了一、兩個小寶寶每天的大小事。不過日記的內容並不全面也沒有系統，只保留了照護者當時注意到的事情；此外，日記也可能只記下嬰兒成長的某些面向而已，著重的主題很狹窄，例如小寶寶說出的第一個字、肢體運動發展的里程碑，像是什麼時後開始翻身、坐下、爬行和走路。不過，這個情況到

1930 年代有所改變。當時，皮亞傑出版了一套日記，對後世影響甚鉅。這套日記寫得特別有條理，涵蓋層面也很全面。

皮亞傑的日記提供了他三個小孩出生第一年的生活狀況，每天有連續好幾個小時的記錄，內容詳細、具體、有條不紊，並充滿洞見。[1] 而且這些都是手寫紀錄在紙上，皮亞傑當時沒有錄音器材或電腦幫他省事。這麼詳盡的紀錄，僅靠一人之力完成似乎有點不可能——沒錯，這不是皮亞傑個人的成果。日記裡很多內容都由皮亞傑的妻子瓦倫汀（Valentine Châtenay）寫下。瓦倫汀也是一位訓練有素的科學家，皮亞傑在大學教書做研究時，她則待在家顧小孩。妻子的參與是後人調查所發現；皮亞傑自己從未提過妻子有共同撰寫。這套日記仍是科學界的創舉，富有深刻見解、時至今日都值得一讀；不過這不是一人，而是兩人的成就。

嬰兒的偏好

經過觀察，皮亞傑總結，就連新生兒都有明確特定的視覺、聽覺偏好。現在我們也清楚，小嬰兒偏好注意人的視線

---

1. 紀錄三個小孩的日記最初於 1920 年代出版，之後收錄於皮亞傑三本開創性的著作中，包括 1952 年的《兒童智慧的起源》（The origins of intelligence）、1954 年的《兒童現實的建構》（The construction of reality in the child）、及 1962 年的《兒童期的遊戲、夢境和模仿》（Play, dreams, and imitation in childhood）。

和聲音。為什麼這很重要呢？對人的注意力增加，社會學習的旅程就會更順利地展開，開始學習關於人際互動、群體社會的一切。注意力放在人身上對小嬰兒大有幫助，為了存活，小嬰兒必須搞清楚自身所處的人際世界。

皮亞傑的觀察問世之後，科學家還要花上數十年才找到方法確認小嬰兒真的將注意力放在人的世界。1961年，美國心理學家羅伯特·弗朗茲（Robert Fantz）在克里夫蘭市的大學中，首次有系統、有方法地偵測嬰兒的視覺注意力。[2] 弗朗茲給嬰兒看一張圖，一半是由線條畫成的一張人臉，另一半則是靶心的圖案。這張圖上有個窺孔，弗朗茲躲在這張圖後面，透過窺孔觀察嬰兒往哪裡看。

弗朗茲發現，兩個月大的嬰兒眼光停留在人臉的時間，是停留在靶心的兩倍。他接著問：是因為嬰兒偏好注意人臉，或是他們只是對比較複雜的圖案感興趣？

弗朗茲修改了他的方法，讓嬰兒看到一邊是人臉的圖案、另一邊是和人臉一樣複雜的圖案。同樣毫無疑問地，嬰兒看向人臉。他接著發現，嬰兒的辨別力不僅止於此。只有幾週大的小嬰兒就已經比較傾向注視母親容貌的照片，而不是陌生女子照片，儘管陌生女子的頭髮長度、顏色和母親的

2. 請參考：Fantz, R. (1961). The origin of form perception. *Scientific American*, 204, 66-72.

相似。

其他學者也有更進一步的發現。嬰兒透過改變吸吮的速率和用力程度展現偏好。小嬰兒肚子很餓的時候，吸吮的速度會加快、也會更用力。不過他們肚子不餓時也喜歡吸吮，而且他們看到或聽到感興趣的事物或聲音時，吸吮的速度會加快、力道會增強。

透過能自動記錄吸吮狀況的奶嘴，學者發現，嬰兒的聽覺注意力和視覺注意力一樣，都具有社會性的特質。和聽到陌生人的聲音或偶然的噪音相比，剛出生幾天的嬰兒聽到媽媽的聲音時，吸吮的速度會加快。其他研究也顯示，小嬰兒更注意聽媽媽的聲音勝過世界上任何其他聲音。[3]

對小嬰兒來說，要表現出這類的注意力，比我們想像中要費力得多。吸吮要費力，用力吸吮得費更多力。為了要持續聽到媽媽的聲音，小嬰兒會更加賣力，也就是說，有必要的話會吸吮得更起勁。

很顯然，這些研究結果無法告訴我們嬰兒在想什麼，只顯示了嬰兒注意力放在哪。舉例來說，我們不能因此認為山米「喜歡」他媽媽的聲音勝過其他聲音，只能說他更注意媽

讀心：我們因此理解或誤判他人意圖的心智理論

---

3. 就連剛出生兩三天的新生兒都傾向注意聽媽媽的聲音，而且為了要聽到也會更賣力吸吮。這是透過測量小嬰兒吸奶嘴的吸吮速率得到的結果。這項經典研究來自 DeCasper, A., & Fifer, W. (1980). Of human bonding: Newborns prefer their mothers' voices. *Science*, 208, 1174-1176.

媽的聲音，而且即使這會比較費力。不管如何，將注意力主要放在人類身上，這項能力或許會幫助山米的祖先生存，也對山米的學習有益。

科學家有辦法偵測嬰兒注意力的傾向後，接著就想要知道：嬰兒能理解他們接收到的社會性訊息嗎？如果可以，這就代表了心智理論的開端，就是那個在學齡前時期蓬勃發展的心智理論。

要解答這個問題，首先要有對的方法來偵測；不過，要找到對的方法似乎比登天還難。嬰兒能做的事很有限，他們不能說話，有意圖的動作或姿勢也不多。直到 1980 年代，科學家才找到方法。新的研究方法利用嬰兒的一項特性：如果他們太常看到同樣的東西，就會感到無聊，並移開視線。也就是說，如果給蘇西一而再再而三地看媽媽的照片，她最後會感到厭煩，然後看向別的地方。這時如果給她看陌生人的照片，她就會注視得比較久，儘管一般來說，她會花比較多時間注視媽媽的照片。陌生人的照片對她來說很新鮮，而覺得無聊的嬰兒傾向觀看新事物。

這個方法就是在問嬰兒一個是非題：「這對你來說是件新鮮事嗎？」如果嬰兒注視的比較久，答案為「是」；如果沒有特別注意，答案就是「否」。這就是所謂的「違反預期法」（violation of expectation），透過嬰兒的反應，學者能

更深入研究。透過一系列串在一起的是非題，來了解嬰兒在想什麼。

　　我第一次看到實驗這麼做是在伊莉莎白‧史貝克（Elizabeth Spelke）的實驗室。史貝克是哈佛大學實至名歸、非常有名的嬰兒研究者。她首先採用違反預期法進行研究，一路上徹底改變了我們對人類認知的理解。史貝克的實驗室裡，有多位研究助理針對嬰兒認知的不同面向，同時進行多項研究；就像一個蜂巢一般，大家各司其職[4]，而被親暱稱作「寶寶女士」（baby lady）的史貝克，就在裡面坐鎮指揮。我就是在她的實驗室裡學到如何進行嬰兒研究。我在密西根大學的「嬰兒認知計畫」（Infant Cognition Project），簡稱「寶寶實驗室」（Baby Lab），用的程序就直接受到史貝克實驗室的影響，包括我們怎麼找招募受試嬰兒、怎麼訓練學生助理等等。

　　直到最近，史貝克都專門研究嬰兒怎麼思考物質世界，怎麼看待球、牆壁、桌子和玩具；而我則想知道嬰兒怎麼看待人際互動、人的心理狀態。[5]

讀心：我們因此理解或誤判他人意圖的心智理論

---

4. 有篇刊登在雜誌《紐約客》的文章，精彩敘述了史貝克的嬰兒實驗室和她對這塊領域的影響，請見 Talbot, M. (2006). The baby lab: How Elizabeth Spelke peers into the infant mind. *The New Yorker*, September 4.

5. 史貝克現在表示：「這麼多年來，我都在讓小寶寶握住東西，或在房間裡旋轉他們，看看他們怎麼確定方向；但其實這個時候的他們，真正想做的其實是和其他人互動！為什麼三十年

嬰兒如何理解人

你首次聽到「嬰兒如何思考人」，應該覺得很不可思議吧。嬰兒會思考嗎？即使還沒滿月時就會思考嗎？他們不就是四處張望，有時很專心，有時很無聊？我們又如何能蒐集科學證據來確定呢？

史貝克的校友，原本在哈佛大學從事博士後研究的亞曼達・伍德沃德（Amanda Woodward），1990年代去了芝加哥大學，透過違反預期法研究嬰兒對於人有什麼樣的理解。[6] 嬌小優雅又精力充沛的伍德沃德和她的助理團隊，搬演小短劇給四個月大的小寶寶看。蘇西看到一名男子坐在兩個物品中間：男子的右邊是一隻放在橘色墊子上的玩具青蛙，左邊則是一隻放在紫色墊子的玩具鴨子。這名男子看著蘇西跟她打招呼：「嗨，蘇西」。接著，他伸手向右抓住、但沒有移動那隻青蛙，並且就這麼停住不動。此時一位助理會測量蘇西花多久時間注視這個定格的場面才將眼神移

後，我才開始研究這個主題呢？」

6. 亞曼達・伍德沃德 1998 年開始進行系統性的嬰兒研究，請見 Woodward, A. (1998). Infants selectively encode the goal object of an actor. *Cognition*, 69, 1-34. 她於 2013 年發表了一篇學術文章，簡介了她的研究計畫，內容清楚易讀，請見 Woodward, A. (2013). Infant foundations of intentional understanding. In M. Banaji & S. Gelman (Eds.), *Navigating the social world* (pp. 75-80). New York, NY: Oxford University Press.

開。他們不斷重演這個情境,直到蘇西幾乎連看都不看一眼就撇開視線。

伍德沃德要問的是:小寶寶怎麼看待這個情境?會覺得這只是一個不斷重複的動作,還是會有其他更多的想法?他會不會認為:「那個男的想要那隻青蛙」?為了回答這些問題,伍德沃德安排了其他的橋段,也就是所謂的「測試事件」(test event)。

趁蘇西不注意時,實驗人員改變了物件的位置。對一半的受測嬰兒,那名男子現在伸手向右,抓住新的物品,不是青蛙而是鴨子。這個狀況下,小嬰兒目睹了舊的動作取得新的物件。對另一半的受測嬰兒,那名男子伸手向左,抓住青蛙。這組的小寶寶看到的是新動作取得舊物件。

這些變化要測試蘇西和其他嬰兒怎麼看待原先的情境。對嬰兒來說,會不會覺得重複伸手抓物品只是不斷重複的動作,那名男子沒有特別的理由,只是一直向右伸出手?或者,那名男子伸手向那裡因為他想要那隻青蛙?

如果在原先的情境下,小嬰兒覺得男子想要青蛙而做出動作、並不覺得伸手是無意義的動作,那麼向左伸手抓青蛙(新動作取得舊物件),對嬰兒來說就是預料之中的事情。男子又得到青蛙了。「這對你來說是新鮮事嗎?」「不是。」

不過,如果男子伸手向右抓鴨子(舊動作取得新物件的

測試事件），應該就會引起嬰兒的注意了。因為嬰兒原本預期男子想要的是青蛙，但他卻伸手拿鴨子。「這對你來說是新鮮事嗎？」「是！」雖然男子做出舊的動作，嬰兒已經看了一遍又一遍，但還是違背了他們的預期。

男子伸手抓鴨子時，四個月大的嬰兒（象徵性地）表示「沒錯，這在我預料之外」。小嬰兒認為男子有欲求：男子伸手抓青蛙因為他想要青蛙。這就是嬰兒發展心智理論的第一步。

不過，這樣的詮釋會不會太故意導向心智理論了？會不會小嬰兒其實是像深藍電腦或天寶・葛蘭汀那樣，進行資料探勘呢？會不會小嬰兒自動將男子、伸手抓的動作、青蛙、橘色墊子連結在一起，但沒有賦予其他詮釋；其實並沒有把這些元素和男子的欲求、目標聯想在一起？

講到這裡，你大概可以猜到，研究者也設計了一齣短劇要測試上述的問題。這就是我的寶寶實驗室進行的內容。在我們的短劇中，一位女子面對一個透明的箱子，裡面裝滿小玩具：15 隻鴨子和 5 隻青蛙。[7] 一半的受測嬰兒看著女子從

7. 受測者為十個月大嬰兒的研究，請見 Wellman, H. M., Kushnir, T., Xu, F., & Brink, K. (2016). Infants use statistical sampling to understand the psychological world. *Infancy*, 21, 668-676. 受測者為學步兒的研究，請見 Kushnir, T., Xu, F., & Wellman, H. M. (2010). Young children use statistical sampling to infer the preferences of others. *Psychological Science*, 21, 1134-1140.

箱子中拿出 5 隻鴨子和 0 隻青蛙。這個動作不斷重複，直到小嬰兒感到厭倦、幾乎不再注視為止。這個短劇稱為「多數情境」。大人看了多數情境會表示：「女子總是拿鴨子，因為箱子裡有太多鴨子了」或「鴨子比較好拿」。

至於另一半的嬰兒則看「少數情境」的短劇。女子面對裝滿鴨子和青蛙的箱子，但這次箱子裡只有裝 5 隻鴨子，但有15隻青蛙。女子從箱子拿出全部5隻鴨子和0隻青蛙。這也一直重複到小嬰兒幾乎不再看為止。針對「少數情境」，大人多表示：「女子真的很喜歡鴨子」或「基於某種原因，她一定很想要鴨子」。

此外，值得注意的是，不管是多數情境或少數情境，嬰兒和大人看到的動作都相同：女子用同一隻手，從裝著鴨子和青蛙的箱子裡拿出 5 隻鴨子（元素皆相同：女子、抓取、5 隻鴨子、箱子）。但大人看了少數情境後，卻認為女子明顯特別想要拿鴨子；認為女子潛在的心理狀態就是想要鴨子。

更令人驚訝的是，在我們的實驗中，這也是十個月大的嬰兒有的反應（十個月大的嬰兒是本次實驗中年紀最小的受測者）。我們怎麼知道的？小嬰兒厭倦了多數情境或少數情境時，我們就給他們看測試事件的短劇。在這個測試短劇中，女子兩邊分別擺著一個透明的碗，一個裝很多隻青

蛙，另一個裝很多隻鴨子。這時，女子將手伸向青蛙或鴨子。

女子伸手去抓青蛙時，剛看過少數情境的小嬰兒就會注視這個場面注視很久。他們覺得女子喜歡鴨子，但現在卻伸手拿青蛙，這違反了他們的預期。「哇，這件事很新鮮。」

至於剛看過多數情境（鴨子多、容易拿到）的嬰兒，對測試短劇的兩種情況都沒有什麼反應。對這組嬰兒來說，這一切都是「又是老戲碼、又重複了，女子又再次去拿好拿的玩具」。

稍微再大一點、能有意識地給予、拿取物品的小孩，就能參與測試短劇，可以從兩個碗中拿一件玩具給女子。十八個月大的小孩給少數情境中的女子一隻鴨子；畢竟這是女子喜歡的，因為她之前都從箱子裡挑鴨子出來。不過，他們給多數情境中的女子一隻青蛙或一隻鴨子，也會兩隻都給，因為女子沒有明顯喜歡鴨子，只是隨手拿好拿的玩具。

這一組短劇清楚顯示，嬰兒會的不只是資料探勘而已。他們在某種程度上明白他人的欲求，這名女子偏好鴨子，或那個男生喜歡青蛙。這時候心智理論就在醞釀中，就這麼開始了。

更多疑問

嬰兒可以理解他人的欲求，這個想法起初看起來不太可能。但越來越多的研究結果不斷證實這個想法，讓這件事越來越清楚，大家也越來越能接受。隨著研究越挖越深，發現了很多令人驚訝的結果，但很多疑惑仍然沒有定論，學界還在熱烈討論中。

天生就很自我中心？

很多年下來，一個廣為流傳的觀念認為嬰兒天生就非常自我中心。這個觀念認為，嬰兒只會根據自己的行為和狀態來理解人，他們不會注意到別人的行為和狀態。皮亞傑認為，小嬰兒受制於自身的感官經驗，像是自身對物體的視覺注意力、自身的肢體動作，包括吸吮和抓握。他們無法將自身經驗（我看到這隻鳥很喜歡）和他人經驗（你看到這隻鳥很喜歡）分開；

但這個主張就和前面提到的研究結果衝突。舉例來說，青蛙與鴨子的實驗中，研究人員請嬰兒替自己選一個動物，大概一半的嬰兒偏好青蛙。如果嬰兒都很自我中心，他們就會在測試短劇中給女子青蛙。因為從自我中心的觀點出發，會覺得女子想要的玩具就是他們想要的玩具，也就是青

蛙。然而，在少數情境的短劇中，嬰兒都給女子一隻鴨子。因為受到少數情境短劇的提示，嬰兒發現女子（她）的欲求。小嬰兒看到女子努力去拿鴨子，所以他們給她鴨子。

第六章提到的青花菜與小金魚實驗也呈現同樣的結果。貝蒂表現出喜歡青花菜（「好吃！」）時，嬰兒就會給她青花菜，雖然自己喜歡的是小金魚餅乾。

很多研究都顯示，就連十個月大的嬰兒都能明白其他人都有各自的欲求。至少有時候他們能明白，像是我喜歡小金魚餅乾，但你喜歡青花菜。和傳統觀點相反，就連小嬰兒都能跳脫自我中心的思考，知道他人的想法。

嬰兒明白錯誤信念嗎？

嬰兒是否明白錯誤信念這件事，目前學界的看法分歧。如果小嬰兒能理解錯誤信念，這就是一塊新的拼圖，讓我們對心智理論的研究有更進一步的認識。

過去多年以來，學者根本沒想過這個問題。因為學齡前兒童的研究結果一清二楚：兒童在學齡前時期才漸漸能理解錯誤信念。而且相應這樣的發展，學齡前兒童在生活中也發展出應用錯誤信念的技巧，包括說謊、說服、保密。不過後來學者開始問：會不會其實小嬰兒對錯誤信念已經有初步的理解？

2005 年，大西克莉絲汀（Kristine Onishi）和芮妮·貝菈珍（Renee Baillargeon）就針對這個主題，進行了第一個實驗。[8]他們的研究方法也是搬演短劇、觀察小嬰兒注意什麼，看什麼情況違背了他們的預期。順帶一提，貝菈珍和亞曼達·伍德沃德一樣，都是以博士後學者的身份，在伊莉莎白·史貝克的研究室養成他們的嬰兒研究專長。

回到大西和貝菈珍的短劇。第一個短劇中，一位十五個月大的嬰兒看著一位大人把一個紅色玩具西瓜放到綠色盒子裡。接著，不是這名大人，而是這個嬰兒目睹玩具被移到旁邊的黃色盒子裡。

測驗事件的短劇則安排小嬰兒看著大人伸手進箱子裡拿玩具。一半的受測嬰兒看到大人伸手進綠色盒子裡，那是原本西瓜放的地方；另一半的受測嬰兒目睹大人伸手進黃色盒子裡，那是西瓜後來被移到的地方，但大人並不知情。哪一個測驗事件的短劇違反小嬰兒的期望呢？

8. 大西和貝菈珍的實驗是第一個嬰兒錯誤信念的研究，請見 Onishi, R., & Baillargeon, R. (2005). Do 15-month-old infants understand false beliefs? *Science*, 308, 255-258. 漢尼斯·拉科奇整理了當代所有研究，發現實驗結果紛雜，而且很多研究嬰兒錯誤信念的實驗無法複製最原始實驗的結果，也就是複製實驗的研究結果不顯著。請見 Kulke, H., & Rakoczy, H. (2018). Implicit theory of mind—An overview of current replications and non-replications. *Data in Brief*, 16, 101-104. 這類研究另一個很好的例子為 Dorrenberg, S., Rackoczy, H., & Liszkowski, U. (2018). How (not) to measure infant theory of mind: Testing the replicability and validity of four non-verbal measures. *Cognitive Development*, 46, 12-30.

如果小嬰兒知道大人以為西瓜還在原本的盒子裡（抱持錯誤信念），就會認為大人會伸手進綠色的盒子中。也就是說，如果大人反而伸手進黃色盒子裡，就違背了小嬰兒對錯誤信念的預期，他應該就會多注意這個場景。如果小嬰兒不明白錯誤信念，就會預期大人會去西瓜真正的所在地找；所以大人伸手進綠色盒子時，他應該就會注視得比較久。

在這個實驗中，小嬰兒的反應顯示他們似乎理解錯誤信念。對十五個月大的嬰兒來說，目睹大人伸手進黃色盒子的這一組，比目睹大人伸手進綠色盒子的另一組看得更久。

然而，和貝菈珍也有參與、測試嬰兒是否理解欲求相異的研究不同，這個實驗結果並無法複製。我的寶寶實驗室也無法得到相同的結論。德國專攻發展科學的學者漢尼斯‧拉科奇（Hannes Rakoczy）最近整理了心智理論的複製研究，他發現採用違反預期法測試嬰兒是否理解錯誤信念的研究中，大概有一半的研究都失敗。總之，針對嬰兒是否理解錯誤信念這個問題，目前學界尚無定論，正反意見各有支持者，不相上下。

此外，根據成功測得嬰兒理解錯誤信念的實驗結果，貝菈珍等學者認為，這代表嬰兒對錯誤信念有初步的認識，而且這樣的理解與生俱來而且並不明顯。這樣的詮釋意味著嬰兒不需要學習就能理解錯誤信念。然而，對父母聽力正常的

聽障嬰兒來說，他們的生活經驗就反駁了這項主張。

　　就像我在第六章解釋的，父母聽力正常的聽障兒童理解欲求相異、錯誤信念、知情程度相異的速度比較慢，可能是因為早期的人際互動、溝通的經驗減緩了他們社會學習的速度。那聽障嬰兒的情況呢？如果用大西和貝菈珍的研究方法來測試，結果是否也顯示，他們天生就能理解錯誤信念呢？如果天生就能理解錯誤信念，所有嬰兒理解錯誤信念的時程應該都一樣，不論聽力正常或聽障，畢竟這是與生俱來的能力。反之，如果需要學習才能理解錯誤信念，那麼聽障嬰兒理解錯誤信念的時程就會延後，他們因為聽力和語言的隔閡，無法接觸到人際互動的訊息。

　　這幾年的相關研究中，我最喜歡的其中一個實驗就在研究這個題目。在瑞典任教的馬雷克‧馬里斯托（Marek Meristo）和同事採用和大西、貝菈珍類似的方法，測試了十七個月大的聽障嬰兒。[9]這些聽障嬰兒並沒有出現理解錯誤信念的反應。只有年紀較長的聽障兒童出現理解錯誤信念的反應，而且他們發展錯誤信念的時程和發展其他階段的時程都一樣有所推遲。這個實驗結果顯示，嬰兒不太可能天生

9. 學者馬雷克利用測量注視時間的研究方法，研究父母聽力正常的聽障嬰兒是否理解錯誤信念，這份研究請見 Meristo, M., Morgan, G., Geraci, A., Iozzi, L., Hjelmquist, E., Surian, L., & Siegal, M. (2012). Belief attribution in deaf and hearing infants. *Developmental Science*, 15, 633-640.

148

讀心：我們因此理解或誤判他人意圖的心智理論

就理解錯誤信念。

也就是說，要明白心智理論不同的面向都仰賴個體的生活經驗以及從這些經驗中學習的成果，就連一般在嬰兒期就會理解的面向都是如此。所以有些心智理論的面向非常早就能掌握，有些則要晚一點才能明白。

嬰兒心智的飛躍性成長，來自人類的學習力

針對讀心是怎麼開始的，我們目前有豐富的認識，但並不是無所不知。正因如此，學家更激烈爭論在發展社會能力的過程中，哪些面向是後天學習、哪些是天生。伊莉莎白・史貝認為，嬰兒很大一部份的社會性理解是與生俱來的。她表示，嬰兒這麼早就對自身所處的人際環境展現出高度的認識，不可能是後天學會的。史貝克認為，好幾千年的演化讓人類天生具備某些必要又獨一無二的特性，包括有兩條腿、洞察力強，還有嬰兒期就理解人類具備心理狀態。[10]

有些描述很明顯無庸置疑，像是人類有兩條腿、洞察力也強。人類也敏銳地注意自身所處的人際環境，很早就發展

10. 關於嬰兒天生的核心能力，請見 Spelke, E., & Kinzler, K. (2009). Innateness, learning, and rationality. *Child Development Perspectives*, 3, 96-98. 至於史貝克表示，小嬰兒其實想「和其他人互動」的一席話，請見 Angier, N. (2012). From the minds of babes. New York Times, May 1.

出關於人的洞見，例如明白不同的人有不同的欲求。但不代表這就是與生俱來的能力。我認為史貝克低估了人類心智中非常重要的一個面向，是這個面向讓人類獨一無二——我們天生具備強大的學習能力，能學得又快又廣；這是演化而來的天賦與優勢。兒童期的學習對人格特質的形成至關重要，定義了我們是怎麼樣的人。

人類這個物種是因應生態棲位"的不同而調整自己，並不是維持幾千年前人類剛出現時所處的生態棲位。其他物種能夠存活，靠得是只能適應特定生態棲位的本能。人類得以生存，靠得卻是強大的學習能力，所以我們能幾乎能適應所有生態棲位。我們適應的方式可能是靠生產技術、衣物、打獵、農業和馴養動物等等，但這些都來自我們的學習能力。

人類漫長又受到保護的兒童期是一段很特別的時光，能讓兒童好好發揮學習能力；正因為從小就有這份學習力，我們才能一輩子都持續學習新事物。這樣的學習力讓成人的我們能進行科學研究、創造數學概念、寫詩，還有發明維繫生存的科技與技術。

這一章的重點不只要講嬰兒這麼小就知道這麼多事情，他們的確懂很多。我們對嬰兒的理解力持續有更多的認

---

11. 譯註：生態棲位（ecological niche）是一個物種在生態系中所處的位置，包括賴以生存的狀態以及在該生態系中和其他物種之間的關係、扮演的角色。

識，新發現也不斷驚豔我們。然而，如果認為嬰兒天生具備這樣的理解力，那可就低估了這些小寶寶的後天努力。嬰兒驚人的理解力來自他們卓越的學習力，很早就能開始快速學習。

只要幾週的時間，嬰兒就能發展出驚人的複雜理解力。前述嬰兒對人的理解就是很好的證明，這樣飛躍性的成長過程絕對讓父母驚呼連連。嬰兒透過仔細觀察、拼湊蛛絲馬跡來學習，就像組裝積木蓋高塔一樣——對一個坐在高腳餐椅上、還不會說話、肢體動作還不協調的小小人來說，這是一項非比尋常的成就。到了兩歲時，兒童已經具備接下來發展社會能力的基礎了。

學者對社會學習有更多的認識之後，更多學者認為，比起學語言等這些更容易觀察到的技能，嬰兒和兒童學習社會性事務的速度更快；而且短時間內進步的幅度也很大。這就是心智解讀的起點，而這樣的社會學習能力也持續至成人期。一步接一步、一塊接一塊，我們以過往的理論為基礎，建構新的理論，這樣的能力在嬰兒期就隱約閃現其光彩。

第八章

超能力、上帝、全知和來生

我的孫子快五歲時畫了一張圖表，展現身邊有超能力的人。媽媽可以在滾燙的岩漿上奔跑，爸爸可以看到很遠很遠之外的東西，姊姊強壯有力，而他最喜歡的動物布偶有辦法熬夜到很晚——超過十二點不睡。

講到超能力，這些能力都很溫和也沒有很屬害，不過足以讓我們一窺小孩此時開始接觸的新世界。這個新世界充滿非比尋常的能力、抽象的概念，像是上帝、全知、地獄和超級英雄。

雖然學齡前兒童有出色的學習及資質稟賦，但這不是學齡前兒童能理解的領域。這個抽象又深邃的異想世界對小學兒童敞開，就像開啟通往納尼亞[1]的門一樣；接著就是成人期持續探索和學習的領域。

我們發現，踏上異想世界的旅程之前，學齡前兒童會先愛上恐龍和重型動力機械。小孩很脆弱無力，而暴龍和堆土

---

1. 編按：納尼亞（Narnia）為奇幻小說系列《納尼亞傳奇》（The Chronicles of Narnia）中，透過一個神奇衣櫃可抵達的魔法王國。

機卻巨大又厲害。小雷可以花上好幾個小時看道路施工的工程。

超級英雄

小孩從思考日常事物漸漸開始思考抽象、超凡的概念時，認識超級英雄是第一步。超人不僅高大強壯，也具備超越一般人的能力：他能飛、有X射線透視眼。不過，超人還是有平凡的一面。他也得吃東西，而且他愛上了露易絲・蓮恩。而且超級英雄的厲害與特殊通常都透過已知的實體來比擬，如此一來小孩都能理解。超人如鋼鐵般刀槍不入，比火車頭還有力，比飛馳的子彈還迅速。

專欄作家詹姆士・摩爾（James Moor）曾在現已關閉的育兒網站 Parent dish UK 上寫過一篇文章，提到四歲的小孩百般要求，希望爸爸能和他一起扮演超級英雄。

「好吧。」我意興闌珊地答應了。

「好，」他說，「那我來當蝙蝠俠（Batman），你當鋼鐵人（Iron Man）。」

我問：「鋼鐵人到底是幹嘛的啊？」很顯然他毫無頭

緒，想了一下就說：「呃，他燙衣服（do the ironing）²！」

比特別快的速度、格外強大的力量或超炫的燙衣功力更神奇、更特別的概念，小孩怎麼理解呢？像是怎麼理解「神祇」，大部分的神幾乎都是抽象的觀念，不像小孩之前接觸過的任何事物。

小孩怎麼認識上帝

對上帝產生興趣通常從一知半解開始，而且可能來自小孩對力量的好奇。如果請小孩畫出上帝的畫像，小孩呈現的通常是具備超能力的人，而不是一個神的形象。一個五歲小孩畫了穿著制服的上帝，認為上帝是「保衛世界的超級英雄」。一個九歲的小孩畫的上帝「有雙大耳朵，這樣他才能聽得見我們說的任何話」。

小孩慢慢長大後，就會想得更多更遠，開始思考非比尋常的事物。英國演員及作家莫妮卡・帕克（Monica Parker）的小孩就是這樣。有一次，她七歲的小孩問起上帝：³

---

2. 譯註：鋼鐵人的英文是 Iron Man，而熨斗的英文亦是 iron。小孩望文生義，將鋼鐵人和燙衣服（do the ironing）聯想在一起。

3. 請見莫妮卡・帕克的著作《天啊！小孩怎樣看上帝》（How children see God）。

我跟他說，就算我們看不見上帝，依舊相信上帝住在每個
生命裡。

第二天早上，他跑到我們的房間大聲宣佈，他知道誰曾經
見過上帝——他的醫生，因為醫生切開病人的身體進行治療
時，就會看到上帝在裡面。

從這些事件開始[4]，小孩接觸到上帝、全知、來世、靈魂
等概念，這些都是神學家及很多人一輩子不斷爭辯、試圖理
解的事情。小孩這些比較簡單的開始，其實可以幫我們理解
這個複雜的領域。

我認為，理解超越、抽象概念的過程從擬人化
（anthropomorphism）開始——將人類的特質套用到非人的
個體上來理解。小孩先理解凡人的有限、不完美；並以此為
基礎，接著才開始認識超越、非凡的人事物，而這樣的探索
永無止盡。

不過，也有另一個版本的說法。也有人認為，小孩特別
能理解上帝，因為小孩還感覺得到自己是由上帝創造而存在
的。這樣的觀點首先由十九世紀的浪漫主義者提出，他們認
為，有些關於上帝的事情成人無法理解，但小孩卻能明

4.　大多出自《小孩怎麼看生命、愛和上帝》（*What kids say about life, love, and God*）。

白，因為小孩的心靈還沒受到世俗經驗的污染，就像《聖經》所說：「因為天國是他們的。」

賈斯汀・巴瑞特（Justin Barrett）也這麼相信。他是傑出的兒童發展學者，也是虔誠的信徒，目前任教於美國加州的福樂神學院（Fuller Theological Seminary）。他認為小孩知道上帝是絕對可靠、不會犯錯的；為了確認是否如此，他和幾位學者透過標準的錯誤信念測驗方法進行了一項實驗。[5] 他們給學齡前兒童看一個餅乾盒，小孩認為裡面裝有餅乾。打開盒子後，卻發現裡面裝的是小石頭。接著，盒子再次蓋上。研究人員詢問小孩，媽媽和上帝會覺得餅乾盒裡裝了什麼東西。四、五歲小孩幾乎都說媽媽不會知道內容物，這是明白錯誤信念後的標準回答。不過，很多小孩卻說上帝知道內容物是什麼，他們認為上帝具有無所不知的特性。

巴瑞特認為實驗結果支持了「預備性」假設（preparedness hypothesis），而非擬人化的學說。小孩一開

5. 研究請見 Barrett, J., Richert, R., & Driesenga, A. (2001). God's beliefs versus mother's: The development of nonhuman agent concepts. *Child Development*, 72, 50-65. 巴瑞特其他關於預備性假說的著作，可參考 Barrett, J., & Richert, R. (2003). Anthropomorphism or preparedness? Exploring children's God concepts. *Review of Religious Research*, 44, 300-312. 針對他的想法和詮釋，也可以參考他的書《天生的信徒：兒童宗教信仰的科學》(*Born believers: The science of children's religious belief*)，比較淺顯易讀。

始就明白上帝懂得比人類多，他們天生就這麼相信。

　　巴瑞特的實驗引發爭論。其中一項疑慮針對實驗本身的設計：巴瑞特是以一歲為單位替小孩分組進行測驗。這樣的分組方式涵蓋的範圍太廣，可能無法確實反應小孩的認知。因此，由目前任教於美國范德堡大學（Vanderbilt University）的強納森・連恩（Jonathan Lane）主導，包含我在內的幾位學者之後進行了類似的研究，以較小的年齡單位替小孩分組進行測驗。[6]

　　和巴瑞特的實驗一樣，我們請小孩判斷不同個體的理解程度，包括：上帝、能「透視物品」的英雄人（Heroman），還有媽媽這樣的普通人。因為我們不確定小孩是否知道上帝有特殊的心智能力，我們也加了聰明先生（Mr. Smart）。我們告訴小孩，聰明先生「什麼時都知道，而且不用看到就知道」，並給小孩看他的樣子：一個頭超大、眼神看起來很睿智的老人。

　　在我們的實驗中，幾位最小的四歲小孩才剛開始理解普通人的知情程度不同、也會有錯誤信念。他們認為上帝和聰明先生和普通人一樣，都有侷限，也就是說上帝就和媽媽一

6.　請見 Lane, J., Wellman, H., & Evans, E. (2010). Children's understanding of ordinary and extraordinary minds. Child Development, 81, 1475-1489. 以 及 Lane, J., Wellman, H., & Evans, M. (2012). Sociocultural input facilitates children's developing understanding of extraordinary minds. Child Development, 83, 1007-1021.

樣，不知道盒子裡裝了什麼。本次實驗中，年紀比較大的四歲小孩以及其他年紀更長的小孩，他們的實驗結果和巴瑞特的研究結果類似。他們表示，上帝或聰明先生知道盒子裡有什麼，但媽媽卻不知道。

這項研究在美國進行；在美國，大部分的人都相信全知個體的存在。根據美國皮尤研究中心（Pew Research Center）的調查，90%在美國生活的人信仰上帝，[7]所以兒童應該普遍對上帝有粗淺的認識。受測的兒童中，有的來自虔誠的教徒家庭並就讀宗教幼稚園；我們知道他們很早就認識上帝。

不過，不管是否具有宗教背景，小孩都清楚反應了擬人化學說，而不符合預備性假說。從小受到宗教薰陶的小孩，比較早就聽說上帝超凡的能力，但他們還是必須運用自己有限的理解，處理這些概念。以下對話就清楚呈現一般小孩的情況。一位上主日學校的四歲小孩說：

「老師說耶穌治好了巴底買（Bartimaeus）的瞎眼，她之後又說上帝治好巴底買。」

7. 資料引用自 U.S. Religious Landscape survey. Religious beliefs and practices: Diverse and politically relevant. 全 文 連 結：https://www.pewresearch.org/wp-content/uploads/sites/7/2008/06/report2-religious-landscape-study-full.pdf

我問：「我以為你剛剛是說耶穌治好的？」

而她回答：「但是耶穌就是上帝。」

「欸？上帝怎麼會是他自己的兒子？」

即使學齡前兒童開始覺得上帝有不凡的理解力——上帝是個特殊的個體，知道的事情比我媽多——但要能明白人類有限的心智完全比不上超凡個體的心智，還有很大的距離。要了解到這種程度很耗時又費力，畢竟不管對小孩或大人來說，上帝的特質並不好理解。[8]

無所不知？

全能上帝最廣為人知的特質之一，就是全知（omniscience）。基督教神學家詹姆斯・巴刻（James Packer）解釋了這項特質：[9]

8. 針對宗教信仰的科學研究在 1990 年代很活躍，認知科學家、人類學家、宗教學家將相關研究歸類為「宗教認知科學」（cognitive science of religion）。針對宗教認知科學的研究，可參考這篇深具洞見的文章 Barrett, J. (2000). Exploring the natural foundations of religion. Trends in Cognitive Sciences, 4, 29-34. 更早期的書籍論述，可參考 Boyer, P. (1994). The naturalness of religious ideas: A cognitive theory of religion. Berkeley, CA: University of California Press. 也請參考 McCauley, R., & Whitehouse, H. (2005). Introduction: New frontiers in the cognitive science of religion. Journal of Cognition and Culture, 5, 1-13.

9. 出自巴刻的著作《簡明神學——傳統基督教信仰指南》（Concise theology: A guide to historic Christian beliefs）。另外，《可蘭經》的引文出自〈辯訴者〉58:7。

《聖經》宣告，上帝的眼目遍及各地，祂鑒察所有人的心，察驗所有人的所作所為。換句話說，祂總是熟知所有人、所有事。而且祂對未來的了解不亞於過去和現在，祂所有的知識總是立即、直接地出現在祂的心思裡。

《可蘭經》上也表明：「阿拉全知天地間的一切。（……）阿拉的確是全知萬事萬物的。」佛教則認為釋迦牟尼佛開悟成道，具備無上智慧；印度教的三大主神之一的毗濕奴（Vishnu）也是無所不知。

雖然大人隨口就說上帝無所不知，但全知這個概念其實很難懂又模糊，對小孩說尤其如此。一個七歲小孩說：

我知道耶穌無所不知，聖經上都說：「就是你們的頭髮，也都被數過了。」但世界上所有的數字都不夠數外婆的頭髮有幾根。

兒童精神科醫師羅伯・寇爾斯（Robert Coles）在他的著作《兒童的精神生活》（*The Spiritual Life of Children*）中，紀錄了有個女孩跟他說，自己有跟上帝說話，但很擔心是不是「佔用祂太多時間」。[10]

相較之下，認識超人就不用處理全知這個概念。如果超

讀心：我們因此理解或誤判他人意圖的心智理論

---

10. 本章引用了很多寇爾斯的內容，這些都是他在三十年以上的職涯中，傾聽、了解兒童內心世界的結晶。這段引文則出自 1990 年出版的《兒童的精神生活》。

人能讀心，他就會知道勁敵雷克斯‧路瑟的計畫並加以阻止，大都會就會重拾和平；但這樣就沒有正邪對決，沒有懸疑刺激，也沒有高潮迭起的戲劇效果。[11] 那麼，我們到底是什麼時候開始理解全知這個概念，而且這個概念用什麼方式呈現？

強納森‧連恩和我試著了解大人以及三歲到十一歲的小孩對這個概念有什麼樣的理解。[12] 由於我們不確定小孩對上帝全知性質的理解情況，我們再一次向受測兒童介紹「無所不知」的聰明先生。這次我們拿出一蓋上的紙盒，不論小孩或聰明先生都「沒看過」這件物品。我們先詢問小孩，知不知道紙盒裡裝什麼。

「不知道。」他們回答。

「裡面裝著一個釘書機。」聰明先生說，果然，裡面放著一個釘書機。

我們重申：「聰明先生什麼事都知道。」而且不只知道盒子相關的事。「你知道這個釘書機是哪裡製造的嗎？我不

11. 特別感謝位於密西根州伊普西蘭蒂城（Ypsilanti）漫畫、遊戲、球卡商店 Stadium Cards and Comics 的 Chad Thornton 大方分享對超級英雄和超級女英雄的淵博知識。

12. 請　見 Lane, J., Wellman, H., & Evans, M. (2014). Approaching an understanding of omniscience from the preschool years to early adulthood. *Developmental Psychology*, 50, 2380-2392.

知道，或許你知道？」我們問。

小孩回答不知道，或隨便猜，滿多小孩說中國。

「聰明先生說是在加拿大製造的，我們來看看是不是這樣。」接著把釘書機翻過來，上面貼著一張貼紙寫著「加拿大製造」。

之後我們也進行了好幾次的這樣的示範，並都以「聰明先生什麼事都知道！不用看都知道！」作結。最後我們問小孩：「聰明先生知道什麼？」小孩就會回答：「什麼事都知道！」我們盡可能以小孩能理解的方式，讓小孩知道聰明先生無所不知。

接著，我們進行測試，想了解小孩如何應用這個知識。首先，我們詢問上帝、聰明先生和媽媽這幾位具備的知識廣度。其中有任何個體知道「你現在在想什麼嗎？」「哪裡找得到全世界最大的樹？」「明年夏天天氣會有多熱？」其中有沒有任何個體知道過去、現在、甚至未來發生的事情？他們知道某個人內心的想法嗎？

接著，我們也詢問這幾個個體的知識深度：對單一領域或主體了解的程度，例如對飛機、汽車或行星的認識。他們知道的和專家一樣多嗎？「誰比較了解飛機？是醫生還是機師？」「誰比較了解飛機？是機師還是聰明先生？」

從定義來看，全知的個體具備的知識應該要超過專家具備的知識，因為全知的個體什麼事都知道。這和人類非常不全面的理解大不相同，就連知識再怎麼淵博的專家也無法比擬；這也不同於超級英雄的超能力，全知的心智比超能力更不可思議。

然而，我們很快就發現，學齡前兒童認為有些事情上帝或聰明先生還是不知道。關於藥品知識，上帝或聰明先生比媽媽知道得多，但卻知道的比醫生少。關於飛機的事，上帝或聰明先生也懂很多，但沒有比機師或飛機維修員懂得多（而且或許知道得比較少）。

年紀越大的小孩，越覺得上帝和聰明先生知道越多事情。然而，在我們的實驗裡，即使是十一歲小孩仍是覺得全知個體知道的事情，遠遠少於「什麼事都知道」。

有宗教背景能比較理解全知嗎？

強納森・連恩和我想進一步了解：接觸比較多宗教知識的小孩，會比沒接觸的小孩更容易理解全知這個概念嗎？對此我們進行了第二個實驗。我們找的受測兒童來自虔誠教徒家庭、就讀宗教學校，有人明確教過他們上帝的特質和力量。

這些有宗教背景的學齡前兒童表示，即便是全知個體也

有不知道的事物；他們的回答和沒有宗教背景的同儕一樣。從三歲到十一歲，年紀越大的小孩越覺得上帝和聰明先生知道的事情比媽媽多。但就連宗教背景濃厚的小孩，儘管他們多年來早就學到上帝的超凡力量，而且實驗時同意上帝和聰明先生什麼事都知道，他們仍表示，上帝和聰明先生比媽媽和醫生要懂飛機，但懂得比機師少。宗教背景濃厚的小孩比較常接觸到上帝的概念，和其他接觸得比較少的小孩相比，他們也比較早就覺得上帝懂得比較多。然而這次實驗中，即便是年紀最長、具濃厚宗教背景的小孩，仍然覺得全知個體知道的事情遠遠少於「什麼事都知道」。

大人也不是很懂

其實大人也覺得全知是個難以捉摸的概念。有研究顯示，詢問美國成人覺得上帝有怎樣的特質、力量時，很多人不假思索就表示上帝無所不知、感官不受限制。不過，如果要將這些特質運用到實際情境時，他們卻又不是那麼肯定。[13] 研究人員跟他們說了一個狀況：有很多人同時向上帝禱告。那些明確表示上帝無所不知的受訪者認為，上帝會先處理其中一部分的禱告，其他的晚一點才會處理。他們平常

---

13. 請見 Barrett, J., & Keil, F. (1996). Conceptualizing a non-natural entity: Anthropomorphism in God concepts. *Cognitive Psychology*, 31, 219-247.

就覺得上帝像人類一樣有所侷限——就像前面提到的女孩，她擔心自己佔用上帝太多時間。

幾百年以來，具體說明全知這個概念始終是神學家的一大難題。十九世紀的聖奧古斯丁（St. Augustine）和在他之前十三世紀的聖多馬斯‧阿奎那（St. Thomas Aquinas）都認為，要說明一個完全身為「他者」的個體，非常不容易。沒有任何像人類一樣的限制當作思考的基礎，就無法理解完全沒有極限的心智體——不管成人或小孩都如此。

死了但還活著？

將近 75% 的美國成人，其中包括基督徒、穆斯林及很多猶太教徒，相信死後生命的存在。也有同樣百分比的人認為，做好事、好好生活，死後就能上天堂。此外，根據 2005 年的哈里斯民調（Harris Poll），十位美國人中有六人相信地獄和來世的存在。人類學的證據顯示，這些信仰很久以前就存在。有些最早出現的人類埋葬死者時，也會附上東西和食物陪葬，推測是為了讓死者來世能用得上。[14]

14. 當然，我們理解、相信超凡力量和狀態時，並不是只有正面、光明的認識。舉例來說，在地獄承受永無止盡的折磨就是特別糟糕、令人不快的來生形式。小孩也會面對、也得處理以負面形式呈現的超凡力量。一位就讀天主教學校的女孩跟羅伯‧寇爾斯說，她曾請學校的修女描述一下魔鬼，而修女回答：「如果魔鬼抓到你，就絕對不會放開。」

這麼多人相信來世，我們該怎麼解釋這個現象呢？我們什麼時候又怎麼開始有這些信仰呢？這也同樣超過兒童早期能理解的範圍。

剛開始上學的幾年，大部分的兒童都能理解死亡會終止身體機能的運作、會發生在每個生命身上，而且不可逆轉。如果兒童也理解死後生命，他們的理解會是什麼？從什麼時候開始具備這樣的理解呢？

我的朋友卡爾‧強森（Carl Johnson）是一位發展心理學家，任教於匹茲堡大學。某次他和三歲的女兒夏娃（Eve）聊到死亡這件事，因為當時她朋友的媽媽剛過世：[15]

> 我跟她解釋，人死掉的話，身體裡所有東西都會停止運轉。我還特別強調身體整個壞掉，無法修復。最後我提到那具（死掉、壞掉的）身體會被埋起來。

幾個月後他們一起參觀美術館時，這個話題又再度被提起。夏娃看到耶穌被釘在十字架的畫像很震驚，問：「他怎麼了？」之後卡爾就找了《耶穌的故事》（The Little Book of

---

15. 出自強森的文章〈長出一朵花：女兒教我的事〉（A flower grew: what my young daughter taught me），2019 年刊登於美國一神論協會的刊物 UU World: Magazine of the Unitarian Universalist Association。

Jesus）讀給女兒聽，其中包括耶穌復活的橋段。

我讀到耶穌死後被埋葬，但之後又死而復生時，我女兒問：「他到底死了沒？」

我能想到最好的回答就是耶穌是很特別的人，所以才能死而復生。她要求再聽一次整個故事。讀到同一個部分，也就是耶穌死掉的段落時，她再問了一次：「他到底死了沒？」

我也重複了「特別的人」的解釋。她很不滿意這個解釋，最後說：「小孩不會懂這個故事啦。」

幾天後，夏娃拿出其中一本最喜歡的書《奇妙的身體》（*The Body Book*），裡面介紹了人體的構造和運作。

書的最後提到死亡，描述遺體被埋葬。

她非常熟悉書的內容，並開始一頁一頁講給我聽。和我之前教她的一樣，這本書提到遺體被埋葬。不過這次吸引我女兒注意的是一個額外添加的元素。遺體被埋葬後，有張圖畫了一朵花從墳上長出來。我女兒得意洋洋地跟我說：「身體被埋葬，但一朵花長出來了。」

這就是學齡前兒童版的死後生命，問題解決。

所以孩子越長越大時，發生了什麼事？

死後存續的東西與來生

學者保羅·哈里斯（Paul Harris）和瑪塔·吉梅內斯（Marta Giménez）進行了一項研究，訪問西班牙的學齡前及幼稚園兒童，了解他們對心智和「長生不死」的想法。受訪兒童有的就讀宗教學校，有的則是一般學校；研究人員鎖定了幾個面向，請小孩判斷一位朋友和上帝的能力。問到壽命時，不管是否就讀宗教學校的小孩都表示，和朋友相比，上帝比較不會死掉。

不過，上帝可能永垂不朽和人類的來生是兩回事。因此哈里斯和吉梅內斯進行另一項研究，訪問七歲和十一歲的小孩，祖父母輩的年長者過世後會發生什麼事。[16] 這項實驗中，小孩會聽到兩個故事，一個是醫療情境，另一個是宗教情境。

醫療情境的故事描述一位老奶奶生病了，希望就醫，到醫院後接受了手術治療。老奶奶在開刀房待了一段時間後，醫生向家屬表示老奶奶過世了。這個情境裡，只有大約

16. 相關研究：Harris, P., & Giménez, M. (2005). Children's acceptance of conflicting testimony: The case of death. *Journal of Cognition and Culture*, 5, 143-164. Giménez-Dasí, M., Guerrero, S., & Harris, P. (2005). Intimations of immortality and omniscience in early childhood. *European Journal of Developmental Psychology*, 2, 285-297. 以及 Lane, J., Zhu, L., Evans, M., & Wellman, H. (2016). Developing concepts of the mind, body, and afterlife: Exploring the roles of narrative context and culture. *Journal of Cognition and Culture*, 15, 50-82.

10% 的七歲小孩認為老奶奶過世後，可能還有某些功能會繼續運作。大約 60% 的十一歲小孩則認為，某些心智功能（例如對子孫的思念）在老奶奶過世後還會繼續運作。

宗教情境的故事描述一位老奶奶生病了，並要求見她神父。神父來到她的房裡，坐下來陪著她。沒多久，神父告訴家屬，老奶奶已經過世了。這個情境裡，大約 50% 的七歲小孩，以及 85% 的十一歲小孩都表示，老奶奶的某些心智功能死後還繼續運作。

這些小孩明確展現了某些發展趨向。年紀比較大的小孩更覺得有來生的存在，他們也更覺得死後繼續運作的是心智功能而非生理機能。老奶奶過世後無法進食、呼吸，但她能思念子孫、傳遞祝福給他們。表示某些功能持續運作的七歲小孩也認為，持續運作的是心智功能。

兒童是以常人的侷限為基礎，來理解非凡的個體或能力。在這個基礎上，他們接著漸漸理解神話英雄如阿基里斯和亞馬遜女戰士；或是現下流行的超級英雄，包括超人、神力女超人和鋼鐵人。再進一步，他們就能理解更抽象的概念，像是上帝、全知和來生。

心智看得到嗎？腦看得到嗎？

小孩要能理解超凡特異相關概念，過程中要經歷一個重要的階段就是開始能區分腦（brain）和心智（mind）。

一開始，對小孩而言腦和心智是同一回事，就是「我們想事情的地方」。卡爾‧強森和我想知道小孩什麼時候開始將兩者分開。[17] 我們訪問學齡前至九年級的小孩，問他們：「沒有心智的話，你能思考一棵樹嗎？」、「沒有腦的話，你能思考一朵花嗎？」除了問他們心智活動有關的問題，例如思考和記憶，我們也問他們其他行為活動和心智、腦的關係，包括：和感官知覺相關的問題，像視覺、聽覺；還有自主行為的問題，包含綁鞋帶、拍手；以及非自主行為的問題，如呼吸或打噴嚏。

學齡前兒童、一年級，甚至三年級學生表示，只有在純粹的「心理」活動上會用到心智和腦，例如思考或記憶。就這樣，沒別的。他們認為，看的時候、聽的時候，或打哈欠的時候，都不需要用到心智或腦（「看的時候只要用到眼睛」、「聽的時候只要用到耳朵」、「打哈欠的時候只要用到嘴巴」）。

五年級到九年級的小孩了解所有功能都必須用到腦，包

17. 關於小孩對心智和腦的理解（和誤解），研究請見 Johnson, C., & Wellman, H. (1982). Children's developing conceptions of the mind and brain. *Child Development*, 53, 222-234.

括打噴嚏、呼吸、打哈欠，還有看、聽以及思考。這些小孩表示，人打噴嚏和打哈欠時，用不到心智（腦會負責），但思考事情、感覺情緒時，就要用到心智。而且心智可以有時候「運作」、有時候「休息」，但腦則是都在運轉。這些小孩明白心智和腦有不同的功能。

看不見的腦

前面提到，學齡前兒童和一年級學生不僅認為想法、觀念是無形的；卡爾和我也發現，他們也覺得腦是無形的，因為對他們來說腦就是心智。表示心智看不見、摸不著的一年級學生都表示，腦也是看不見、摸不著。我們的實驗中，到三年級以後，尤其五年級、九年級的小孩就已經知道生理構造上的腦不同於非生理構造的心智。九年級的小孩中 90%的人認為腦和心智不一樣。他們知道可以透過切開頭部、或用特殊 X 光機，看到腦，但看不到心智。

了解心智和腦的不同讓小孩能想像來生。腦和身體會死掉，但因為心智不一樣，所以有些心智功能可能死後還會繼續運作。他們也開始能理解上帝沒有形體，但卻擁有強大的心智。小孩甚至能思考靈魂這個概念。

靈魂能超越死亡

人的哪個部分最有可能超越死亡？大人最有可能回答：人的靈魂。我們認為靈魂比心智（我們認為稍微有可能超越死亡）或身體（我們認為不大可能超越死亡）更有可能存續。不同宗教傳統的觀點也是這麼認為。

學者蕾貝卡‧里奇特（Rebekah Richert）和保羅‧哈里斯訪問小學生，想知道他們認為以下什麼機能在死後還能存續：生理機能（像是呼吸）、感官機能（例如視力）、心智功能（如記憶），還是精神功能（靈魂）。[18] 這些小孩表示，靈魂比想法或記憶更有可能存續，而且比起呼吸、視力或聽力，靈魂存續的可能性更大得多。

另一個相關的研究中，研究員給五至十二歲的兒童看了一個嬰兒受洗的情境，並問他們受洗會造成什麼樣的改變。就連最小的小孩都表示受洗會產生無形的改變。所有受訪小孩不分年齡都說受洗對靈魂的改變最大，多少影響了心智，但幾乎對腦沒有任何作用。

心智、腦、身體、靈魂、侷限、超凡力量——小孩越認識這些觀念，他們越能探索宗教信仰，也更能理解英雄勇士、超級英雄、魔法公主，還有其他心智和身體以特殊方式

18. Richert, R., & Harris, P. (2006). The ghost in my body: Children's developing concept of the soul. *Journal of Cognition and Culture*, 6, 409-427.

連結的個體與情境，像是殭屍、吸血鬼和腦移植手術（請參考補充說明 8.1）；這些和普通人不同的人事物也更能引起小孩的興趣。

補充說明 8.1：

心智、身體和身份認同

請想像一個腦移植的情況：有個人擁有你的身體、外表，也有你的胃、眼球、頭髮和耳朵，但卻擁有別人的腦和想法。對大人來說，這個人就不是你；但小孩卻不這麼認為。只有當小孩能區分心智和腦以後，他們才能理解一個人的身份認同。

卡爾‧強森進行了一項研究[19]，他給幼稚園到四年級的小孩看了一張圖，上面畫著一隻叫加比的豬待在豬圈裡。他拿小孩的喜好比較了加比的喜好：加比喜歡睡在泥巴地（而不是睡在床上）；牠有豬朋友（而不是人類小孩的朋友）；牠具備身為豬的記憶（而不是身為小男孩的記憶）。接著，研究員

19. Johnson, C. (1990). If you had my brain, where would I be? Children's understanding of the brain and identity. *Child Development*, 61, 962-972. 以這個研究為開端，陸續有人也證實或擴充強森的研究結果。

請小孩假想以下情況真的發生了：「我們把你的腦從你的頭裡拿出來，然後放到加比的頭裡面。」

「這樣的話會發生什麼事？現在加比有你的腦了，牠會喜歡睡在泥巴地，還是會想睡在床上呢？」「現在牠會有身為豬的記憶還是身為男孩的記憶呢？」「假設我們現在叫這隻豬回家，我們叫『加比，過來』還是『（受測小孩的名字），過來』，牠才會有反應呢？」

到小學二年級（大約七八歲）之前，小孩尚未了解腦移植對人的存在、思考或身份的影響。幾乎90% 的小一學生表示，換成小孩的腦袋後，加比還是喜歡睡在泥巴地，也還擁有豬的記憶。到了小學四年級，超過 90% 的小孩表示，換成小孩的腦袋後，加比會想睡在床上；年紀比較大的小孩也說加比不會有身為豬的記憶，反而表示：「牠會有我的記憶！」

雖然年紀較小的兒童認為，思考和記憶時必須要用到腦，但他們不認為腦掌管每個人獨特的記憶、想法、偏好和身份認同。他們不覺得換了一個腦袋就代表「自己」變得不是自己了。一般要到七八歲時，美國兒童才明白，因為腦承載心智

產生的所有思緒，腦對一個人的本質和身份來說
必不可少。

超越普通與日常

　　兒童時期對日常事物的思考和理解為我們開啟了一段旅
程，最後能探問上帝、心智、靈魂和來生等概念。這趟漫長
旅途一路上得經歷很多階段，這些階段彼此有所重疊。

　　一開始，小嬰兒發展出的理解能力能協助他們搞懂現實
世界，明白每個人都有各自的偏好，針對有形物件會做出有
意圖的舉動。學齡前時期，小孩的想法漸漸組織成一套心智
理論，這套理論認為人會為了自己覺得自己想要的事物而採
取行動。這套理論接著成為小學生理解事物的基礎，漸漸能
認識超能力和超凡個體，像是上帝、神力女超人和死後生
命；還有認識抽象的概念，像是靈魂、無所不知、永生不朽
與無所不能。

　　更進階的思考就能探究更深入、更複雜的哲學和神學問
題，像是：心智與身體、靈魂和物質、理想與現實、信仰和
信念之間如何聯繫？心智是物質的產物，還是心智反應了物
質？我們最終極的現實屬於精神層面還是物質層面呢？

　　這種程度的思考和推理都關乎極為抽象、超越的概

念，然而，這些概念之所以能開枝散葉，都仰賴我們兒童期
對尋常人事物的平凡理解——很小的時候對普通人、平凡的
心智、大腦和身體的思考與認識。

第九章

各種可能的世界，各種可能的心智

有個男子經過你身邊，他的臉塗成白色、頭頂著動物頭飾、身穿乾草編成的裙子。根據你生長的文化背景，你應該馬上就認定他是個薩滿巫師、魔鬼、瘋子，或是提早變裝過萬聖節、到處要糖果搗蛋的人。

不同文化裡，成人所處的群體社會、對人際互動的想法有時候大相逕庭。一個文化裡認為正常的事，在另一個文化裡卻可能很古怪；一個團體裡主流、迷人的想法，在另一個群體裡卻可能邊緣又無聊。人類學家將此稱作一個文化的民族心理學（folk psychology）[1]：特定族群理解人、理解人的行為時，運用的架構和信念。從人類學的角度來看，每個文化的民族心理學各不相同是不言自明的事實；任何人只要在其他國家生活過一段時間，一定都會認同這個道理。

然而，如果我們將成人之間的巨大差異對照這些差異形

1. 譯註：folk psychology 也有另一個意思，譯作「百姓心理學」、「常民心理學」或「常識心理學」時，指的是人類解釋和預測他人行為和心理狀態的能力。和第二章提到的日常心理學（everyday psychology）概念相近。

177

第九章 各種可能的世界，各種可能的心智

成的起點,也就是兒童期,上述事實就變得很奇怪。就如同前幾章所述,在差不多同一個時期,全世界的小孩都用類似的理論架構來判斷人如何運作。不管是在非洲、中國、美國生長的小孩,或是其他經過研究的族群文化下的小孩,都用類似的架構理解人。

大相逕庭的成人判斷機制,怎麼都來自兒童期一樣的心智理論呢?如果真的根源都一樣,又怎麼會彼此差異這麼大?

不在乎心理狀態的族群

從 1970 年代末起,康乃爾大學(Cornell University)的民族心理學家珍・法揚士(Jane Fajans)就持續研究傳統部落拜寧族(Baining)。拜寧族生活在南太平洋的新幾內亞島內陸地區。[2] 她認為拜寧族對人的傳統觀點根本沒有涉及到心理層面:

拜寧族最有趣、也最令人費解的就是他們好像沒有自己的

2. 請見 Fajans, J. (1985). The person in social context: The social character of Baining "Psychology." In G. White & J. Kirkpatrick (Eds.), Person, self, and experience: *Exploring pacific ethnopsychologies* (pp. 367-397). Berkeley, CA: University of California Press.

民族心理學。如果民族心理學涵蓋情感及情緒、對人和自我的概念、看待偏差異常的想法、對行為的詮釋、針對認知和人格的思想，那麼拜寧族顯然對這些興趣缺缺。

民族心理學（ethnopsychology）屬於人類學的子學科，主要研究傳統部落族群的思想和文化習俗，並特別研究一個族群如何理解人的行為和想法，怎麼從心理層面解釋自身所處的群體社會，或不這麼做。

根據法揚士的研究，拜寧族看待人的方式，著重人的外在行為舉止及社會角色，而不看重內在心理狀態，不管看待自己或他人都是如此。欲求、意圖、想法、知識和情緒在他們的互動中不是很重要。

一般來說，拜寧族的成人每天會嚼檳榔。他們認為檳榔能殺死蟲子、「讓嘴巴看起來很美」，也達到整體淨化的效果。檳榔果（經實驗證實）具有輕微的刺激作用，因此人們認為嚼食檳榔能提神醒腦、增加幸福感；這多少類似很多咖啡狂熱地區的喝咖啡習慣。

法揚士訪問了一位名叫琵南的拜寧族女性，她不嚼檳榔，也不喝樹液。樹液是檳榔稀少時的替代品。法揚士問琵南為什麼不吃檳榔，她講了一個過去發生的事情。

年輕時，我和幾位女性一起去樹叢裡，來到某棵樹下（這棵樹有代替檳榔的樹液）。我們取了樹液，並摻了石灰一起嚼，就像嚼檳榔那樣。我們一直嚼一直嚼一直嚼，接著我就一直吐一直吐一直吐。我說我絕對不再嚼檳榔了。之後我就丟下一大包樹液走了，但另一個女子回頭把那包搶來帶回去。

在西方社會，這類問「為什麼」的問題通常會誘發心智理論的解釋，但琵南沒這麼回答。我們沒有聽到「我覺得很噁心」、「早知道就不要嚼了」或「我討厭檳榔」這類的答案，她反而只描述她的行為。她嚼了樹液，吐了，然後她說永遠不再嚼。

此外，法揚士問琵南為什麼不抽菸（抽菸也是拜寧族很常見的行為），她也說了另一個無涉自身心理狀態的故事。法揚士之後描述：

琵南在屋裡講這些事時，屋裡坐滿了琵南三代的子孫。所有人都知道她既不抽菸也不嚼檳榔，我要拿檳榔或菸給她時，他們也這麼說。然而，在場沒有任何人之前聽過這些故事。所有人邊聽邊笑，開心地聽她描述這些之前從未在談天時講到的事情。即便全部人都知道她說的那棵樹，也見過為了取樹液而在樹皮上留下的割痕，這些事真的都沒提過。

琵南的家人都知道她不嚼檳榔或抽菸，但從沒問：「為什麼？」這個西方人從兩歲開始就不斷追問的問題，他們一點也不感興趣。

千里之外的拜寧族好像和我們有非常不同的心智理論，但其實也有近在咫尺卻很不一樣的心智理論。

和上帝對話的族群

史丹佛大學的人類學家譚亞‧魯爾曼（Tanya Lurhmann）寫過一本書，名叫《當上帝回話》（*When God talks back*）。在這本書中，魯爾曼寫下她在福音教派的葡萄園教會（the Church of the Vineyard）裡的觀察和研究。葡萄園教會在美國很多城市都有分會，像在芝加哥或舊金山就設有福音中心。葡萄園教會的牧師和會眾相信，上帝以耶穌的形式跟他們對話時，他們會知道。

我生長在衛理公會的基督教家庭，衛理公會的教義、身為衛理公會牧師的祖父都認為，上帝並不會常常跟你說話，也不會一來一往跟你對談。但在葡萄園教會裡，上帝常和會眾說話，而且對話的內容都很明確，不只包括重大抉擇，例如唸哪裡的大學，也包含平凡的小事，像是那天該穿什麼上教堂。這些對話都私密地在腦海中進行，「所以葡萄

園教會的信徒要能辨識腦海中的思緒，知道哪些其實並非是自己的想法，而是上帝的想法。」要能辨識出上帝的想法，需要指引與練習，因為以一般的心智理論而言，心智和外在世界截然二分。

葡萄園教會要求信徒發展出一套新的心智理論。這套新系統和學步兒發展出的心智理論並沒有太大的差別，但這套基督教心智理論——可稱作「參與式」心智理論（participatory theory of mind）——希望會眾體會到心智與外在世界能互相往來，兩者的界線並非堅固無隙。不過這套新的心智理論只有一個用途：只能用來和上帝進行私密對話。

即便新的系統「沒有太大的差別」，但對剛加入葡萄園教會的教徒來說，要改造原本的心智理論仍得不斷努力。牧師會從旁支援，教會的禱告團和禱告小組也會提供指導與協助，好讓新成員確實調整。

顛倒夢想：佛教對心智與現實的看法

相較於西方諸多和心智有關的理論，佛教的思想與教義提供了很不一樣的說法。西方的理論認為，「思考」這個動作就像一條意識的河流不斷流淌著，「所有想法接續如連鎖

反應一般閃現，一個接著一個」。此外，我們每天透過感知、理解和辨別等心智活動體驗、認識心境與外在世界；而且這些心智活動連接了內在自我與外在「真實」世界。

佛教思想和西方理論迥異。眾多佛教派別中，大乘佛教是兩大主要派別的其中一個傳統，[3]西元前發源於印度，接著傳播到西藏、中國、中南半島、日本、韓國等其他地區。

大乘佛教的思想認為，意識流是「猿心」的表現：躁動不安、混亂糊塗又反覆無常。至於我們每天對心境與外在世界的體驗與認識，其實都是假象，虛偽又扭曲；此外，我們以為心智活動聯繫自我與外在真實世界，但其實這樣的自我不是真實的自我，外在世界也只是無常的「現象」而非實相。我們對心智活動、自我和外在世界的錯誤認知構成持續不斷、不良有害的交互作用：我們任由騷動不安的猿心（心智活動）讓（不真實的）自我攀附外在現象（外在世界），隨之起舞，因而深陷慾望、執著之中，產生貪愛、怨憎，並不斷在煩惱、愚癡和痛苦之中打轉。

佛陀覺悟到，我們每天對心境與外在世界的體驗與認識，與實相、真實的心智天差地遠；而透過引導與練習，像

3. 請參考保羅‧威廉斯（Paul Williams）的著作《佛教思想：印度傳統的完整介紹》（Buddhist thought: A complete introduction to the Indian tradition）。威廉斯也有介紹另一支主要的佛教傳統上座部佛教；此外，也有禪宗等其他佛教宗派。

是禪坐、正念[4]的訓練，佛教徒能體悟兩項真理。第一，我們能控制自己的猿心，安定心念，讓心念專注當下，而不是隨著意識流漫無目的地打妄想。透過如此鍛鍊，能覺察自己的起心動念，進而減少煩惱。第二，實相由極樂的平靜組成，不是由變化無常的現象、思緒與慾望構成。好幾百年以來，佛教僧人持續實踐佛陀的思想，並持續改善實踐的方式。主要因為這些年達賴喇嘛的出現，隨著一波波的文化傳播，這些佛教思想來到西方世界。

拜寧族人、福音教派信徒、佛教徒具備的民族心理學各不相同，也和前幾章討論的心智理論很不一樣。[5]然而，即便有這麼多的差異，我還是相信，前幾章討論的心智理論普遍存在於全體人類身上。

各地的人都不一樣，但各地的人卻也都一樣

邏輯上的互相矛盾意味著挫敗，但對真正知識的進化來

---

4. 譯註：正念源自佛教的禪修，指的是專注當下、對當下保持清澈覺知的能力，能穩定身心、強化專注力、增進自制力。

5. 內容較短、年代較久以前的評論性文章，請參考 Lillard, A. (1998). Ethnopsychologies: Cultural variations in theories of mind. *Psychological Bulletin*, 123, 3-32. 至於內容較長、更當代的論述，這篇學術論文集結了譚亞‧魯爾曼與多位人類學家研究不同文化族群的成果。Luhrmann, T., Astuti, R., Butler, L., Cassaniti, J., Danzinger, E., Gaskins, S., ... Vilaça, A. (2011). Toward an anthropological theory of mind. *Suomen Anthropolgi: Journal of the Finnish Anthropological Society*, 36(4), 5-69.

說，互相矛盾是進步的象徵，最終通往勝利的終點。

——英國哲學家懷海德（Alfred North Whitehead）[6]

心智理論普遍存在，但民族心理學卻各不相同——為什麼這句話前後彼此矛盾，卻還能成立呢？關鍵在於發展。

教學引導與時間推移

透過教學和引導產生改變，是發展過程中很重要的一個面向。就如譚亞・魯爾曼所述，透過牧師與其他信徒的教導和協助，成人信徒也能改變原本的心智理論。葡萄園教會的成員學會改變心智與外在世界的界線，讓上帝能在腦海中和自己對話。

如果教學和引導在兒童期就開始，融入小孩正在開展的生命中，就能產生更多、更劇烈的改變。我們都知道，小孩在家庭、家族，還有文化群體裡的社會化都會影響小孩心智理論的發展。回想一下，前面提到在中國生活的小孩發展心智理論的順序和在美國生活的小孩不同。另外，無所不知、超級英雄等概念也都是一步一步理解。

不光只有每個人一輩子持續發展心智理論，不同的群

6. 出自懷海德刊登於《大西洋》（*The Atlantic*）雜誌 1925 年八月號的文章〈宗教與科學〉（Religion and science）。

體、文化族群也一代一代下來，持續不斷修正、改善他們群體的想法。魯爾曼舉了一個現代的例子：

葡萄園教會的一大承諾是向信徒表示，任何基督徒都能感受到上帝無條件的愛。然而，說到基督教上帝時，無條件的愛其實並不是一定會有的特質。綜觀基督教的歷史，大部分的時間信徒都是害怕上帝的。很多從中世紀歐洲佇立至今的教堂門上，都可以看到壁畫或石雕描繪耶穌坐在神的寶座上，進行最後的審判。

我祖父是衛理公會的牧師，他常引用使徒保羅的話來宣講上帝的愛。《聖經》〈哥林多前書〉中，保羅說：「愛是恆久忍耐，又有恩慈……不輕易發怒，不計算人的惡。」但我祖父同時也宣講上帝和人的距離。上帝充滿威嚴，令人感到敬畏又懼怕，祂不僅讓人崇敬，也讓人感到憂慮、害怕。我祖父宣講上帝的寬恕，但也同時宣講上帝的審判和憤怒。

魯爾曼接著說明：

福音教派的上帝不是這樣殘酷審判的形象。葡萄園教會依循基本的基督教論述，認為渺小有限的人和全能無限的神之間有距離，但將重點從人類的不足、無能，轉移到神的超凡萬能

上，不強調神和人的關係破裂帶來的恐懼、沒有墮入無底深淵的害怕。葡萄園教會的版本變成只要你相信上帝充滿愛，你就能擁有上帝對你個人無限的愛。上帝永遠都在，而且最重要的是上帝愛你，就算你滿臉痘痘又一身肥肉，上帝依然如實愛你。

自從 1960 年代起，像葡萄園教會這樣當代的福音教派都持續修正、改善教派的思想，花了好幾十年，發展屬於他們自己的信仰和實踐方法。要形成一套既明確屬於基督教、又要自成一格的基督教思想體系，需要時間、需要好幾代人的傳承。佛教也發展了好幾百年，至今衍生出很多不同的教派、宗派。怎麼解釋為何日常心理學是普世皆然，但同時不同族群的民族心理學又大相徑庭？隨著時間產生變化是一項很重要的因素。

另一個重要的因素在於，心智理論就像任何其他理論一樣，同時存在基礎架構面和細節面。舉例來說，「思考－欲求」的心理機制就是「心智理論的架構」，其他細節再加進來，產生更明確的心智理論。「思考－欲求」的架構讓我們能大概理解第二章伊娃・朗格莉亞的行為：她採取行動，為了得到她想要的事物。接著，朗格莉亞進一步在這個架構下加入明確的細節。她會創辦基金會，因為她想到「我自己就

是拉丁裔女性啊，而這個族群需要幫助。」她想付出、做點什麼，而且「想把重點擺在教育這一塊」，所以她的基金會致力於「幫助拉丁裔女性透過教育改善生活」，並對基金會的成功感到開心與驕傲。因為有這個基本的「思考－欲求」架構，以及必要的細節，我們才能了解這麼多。

基本架構就像骨架，細節就像骨頭上的肉。兩者互相需要，而且兩者都會隨著時間發展、變化，就像小孩長大時，骨骼肌肉都會改變。

橡皮筋的發展模式

到底為什麼心智理論既是普遍相同，卻又各自相差甚遠呢？簡單的答案就是：普世皆然的開始和過程能容許、推動全然不同的信仰體系各自發展。關鍵在於怎麼發展。

全世界的人類有著共同的心智理論架構，兒童尤其如此。不管是生長在美國、英國、印度、祕魯、密克羅尼西亞、中國、日本或伊朗的兒童，他們在兩三歲時，都認為大家有自己的想法、欲求、感知和感受。兒童會產生這些預期則是從嬰兒期發展而來，因為嬰兒有特殊的傾向，例如比較偏好人臉、特別注意人際互動、格外留意他人的視點等等。

以上這些是骨架，至於隨後長出的肉則明確隨著文化而有所不同：我的族群怎麼想？舉例來說，牛的「思考－欲

求」機制和人類差不多嗎？（在印度是類似的。）我應該堅持個人理念，而不是爭取團體共識嗎？（我在美國的話應該如此；在中國的話最好不要。）哪些情緒、性情是好的，哪些是壞的，哪些是「理想」的？（積極主動又熱情洋溢在西方個人主義的社會裡是理想的性情；但冷靜自持、沉穩和諧在很多東方集體主義的社會比較受到推崇。）[7] 上帝令人畏懼，還是充滿無限的慈愛？

基本架構會影響如何學習細節。細節因應不同文化而有所差異，而且整個系統也會不斷變化、發展。根據解剖學，骨架會影響肌肉量，肌肉也同時會影響骨架的生長。持續游泳能鍛鍊游泳者的體態：肩部骨頭及肋骨上的肌肉因為游泳而變得結實，形成寬大的肩膀。

以心智理論架構的發展來說，骨架本身在發展，而且同時也影響往後的發展，包括後來學到的細節。這個架構讓我們能學新的東西，但又同時限制我們的學習，因為還是有學習的極限，這就是一個橡皮筋的學習模式。[8] 儘管兒童期花

7. 比較東亞文化背景的成人與美國成人的研究，請見 Tsai, J. (2007). Ideal affect: Cultural causes and behavioral consequences. Perspectives on *Psychological Science*, 2, 242-259. 比較台灣與美國小孩的研究，請見 Tsai, J. L., Louie, J. Y., Chen, E. E., & Uchida, Y. (2007). Learning what feelings to desire: Socialization of ideal affect through children's storybooks. *Personality and Social Psychology Bulletin*, 33, 17-30.

8. 某次我在譚亞・魯爾曼辦公室和她討論時，第一次聽到橡皮筋的比喻，並且也針對這個比喻提出了我的想法。我認為這個比喻精準捕捉了人類理解力的特性：在一定的限度內，能非常彈性靈活、順應變化；同時，最根本的理解又能將很多其他事物收束在一起。

了好幾年讓我們具備強大的學習能力，但我們不是什麼事都可以學，也沒辦法每一件事都學會，小孩的心智有其伸展的極限。

這時候歷史——隨著時間發展、經過好幾代人——就能幫得上忙。好幾百年下來，不同社會、族群的人從原本靠雙腳遠行，到能騎馬、搭火車、開車、搭飛機，甚至能搭噴射機和太空船到遠方。認對上帝的認識，能從《舊約聖經》的上帝、《新約聖經》的上帝，到福音教派能和自己聊天做朋友的上帝。能從原本用手指頭數數，發展到後來運用算盤、電腦等人造物計算。政治信念能從君權神授，演變成自由、平等、博愛，以及後來發展出社會主義、彼此互道同志。

歷史推移之下，文化變遷的範圍可以很大，改變的程度也能很劇烈，但還是和橡皮筋一樣有極限。任何一種文化都能延展、擴大、轉變，從根本創造出很多和心智有關的新概念；任何一種文化也能透過關注表面的行為和話語，減少對心智的重視，拜寧族就是個很好的例子。不同的轉變造就出不同族群之間彼此迥異的民族心理學；不過，民族心理學也無法毫無限制地改變、伸展。每個民族心理學最根本的原則一定得讓那個族群的小孩學得會。如果有些想法太過新奇，原本的架構便無法承受，就像過度拉扯橡皮筋一樣，橡

皮筋就會斷掉。小孩無法學會某些新奇（「不自然」）的想法時，傳承的連結就會中斷。[9]

矛盾與進步

心智理論普世皆然，但各地的民族心理學卻大不相同，這樣的主張好像互相抵觸。然而，就如同懷海德所說，接受這兩件事皆為事實就能更靠近真正的知識。

普世皆然的社會認知確實存在，兒童期的心智理論就是這麼回事。當然，並沒有一個文化群體的小孩展現出那個普世皆然、沒有沾染任何文化特色的心智理論，畢竟小孩打從出生以來，就開始受到所處的文化影響、就開始學習自身的文化。然而，整體而論，全世界的小孩都展現出一樣的心智理論架構，我們能在他們身上看到類似的學習方式與發展模式。

你現在大概也能想見，世界各地的小孩彼此之間對人的看法比較相似，但成年人之間對人的看法則充滿差異。不同文化經過好幾百年，各自發展出對人、對自我、對社會的獨

---

9. 應該無法找到清楚易懂的例子，也就是不可能找到完全不合常理的民族心理學。歷史記錄呈現的都是經過時間累積、歷經好幾代人保存下來的想法。有些人的想法因為其他人無法理解、學會，就不會保留下來。

特理解。接著，一個社會能用好幾年的時間，拉扯、伸展一個小孩的架構，在這個普世皆然的架構下，加進這個社會獨有的信仰和世界觀。最後打造出的成人民族心理學可能，也真的和世界各地的成人民族心理學大不相同。然而，所有這一切的不同都奠基於兒童時期普世皆然的架構。

第十章

黑猩猩、狗狗和我們人類
讀心能力的演化

　　大家應該看過關於珍古德的紀錄片，她在非洲叢林裡席地而坐，觀察著黑猩猩。眾多紀錄片中，英國廣播公司（BBC）製作的《珍古德的野生黑猩猩》（*Jane Goodall's Wild Chimpanzees*）就是很有名的一部。製作這部紀錄片時，珍古德已經在非洲坦尚尼亞（Tanzania）的岡貝國家公園（Gombe National Park）裡，研究同一群黑猩猩超過四十年。截至 2018 年，她已經在那裡超過五十五年，繼續從事這項持續最久的黑猩猩行為研究。[1]

　　珍古德打破人類學的傳統，不給黑猩猩編號，而是取名字──灰鬍子大衛、芙洛、芙洛的小孩菲菲、菲肯和佛羅多；而且珍古德也描述了每隻黑猩猩的個性。佛羅多是個「惡霸」，「儘管他可能兇殘粗暴，佛羅多卻也意外有著溫

1.　很多電視單位都製作過珍古德的紀錄片，包括本章提到的英國廣播公司的作品。關於珍古德的研究，可參考她寫的書《我的影子在岡貝》（*In the shadow of man*），這是一本重要的動物學著作。

柔紳士的一面。」珍古德說。母黑猩猩吉吉沒有小孩，但對其他黑猩猩，她「很樂意扮演『阿姨』的角色」。灰鬍子大衛是第一隻喜歡珍古德的黑猩猩。他和珍古德成為朋友，發展出社會關係，讓珍古德能被黑猩猩群接納，成為其中的一份子。

珍古德堅信：「不是只有人類才能理性思考、才有個性，才有像是高興和難過的情緒。」看到黑猩猩的日常不只有進食和理毛，你一定會認同她的主張。黑猩猩母親會背著她的小嬰兒，和牠玩、替牠搔癢；公黑猩猩也會親吻黑猩猩嬰兒；母黑猩猩也會保護別隻黑猩猩的小孩。「我在岡貝看到了好多好多。政治陰謀、殘忍的行徑、無情的戰爭，但我也感受到愛、惻隱之心，甚至幽默感。」珍古德表示，她研究的黑猩猩都具備這些特質，而且還有其他「人類」行為。

黑猩猩有多像人？

黑猩猩是人類親緣關係最近的物種，我們和黑猩猩有95%的基因序列相同。靈長類動物學家深入研究黑猩猩，希望從黑猩猩身上找出線索，了解人類的靈長類祖先大概有什麼特性；也希望更了解演化過程中，到底是什麼原因造成人類和其他靈長類的差異。要挖掘人之所以獨特的原因，很

重要的一個方法就是動物研究。人之所以為人、和其他動物的差別在哪？差在能使用工具和用兩條腿走路？還是有其他原因呢？

1890 年代末期，探索非洲的歐洲人首先開始描述靈長類動物——黑猩猩和大猩猩。他們將這些動物描述成可怕的野獸，有著野蠻、難以理解的行徑。當時，這些靈長類動物和我們的差距似乎非常大，儘管牠們長得有點像人類。然而，珍古德的研究顯示，人類和黑猩猩不僅基因很像，智力、情緒、社會關係，還有政治及文化傳統都有相似之處。

她對黑猩猩的描述代表了學界開闊豐富的觀點：黑猩猩是我們的近親，而且他們的社會認知能力和我們相距不遠。早期有一批研究探索黑猩猩的語言學習能力，這些研究結果也支持這樣的觀點[2]。1970 年代，母黑猩猩華秀學會了將近三百個美國手語的手勢，能和她的主人碧翠絲·賈納和艾倫·賈納流利地聊很多人事物，包括她自己。華秀就像賈納的家人般被善待，而這項實驗計畫也有影像紀錄。[3]然而，這只是蹺蹺板的一端，從這一端開展出學界的討論。除了這

2. 艾麗卡·霍夫（Erika Hoff）的著作《語言發展》（*Language development*）裡清楚爬梳早期黑猩猩語言能力的豐富研究，包括賈納夫婦教華秀手語的實驗。

3. 華秀進入青少年期時，已具備成年黑猩猩的體型、牙齒和力氣，因此從人類家庭中被轉移到研究站。

些開闊豐富、人類本位的觀點與成果之外，也有研究得出狹窄侷限的結果。

黑猩猩的研究：開闊豐富或狹窄侷限？

狹窄侷限的一面

1980 及 1990 年代期間，學者針對黑猩猩的社會性理解，在實驗室裡進行測試，結果不如前述的研究般豐碩。研究結果之一顯示，黑猩猩的語言能力非常有限，而且和之前想的不一樣，其實一點都不像人類。丹尼爾・波文奈利（Daniel Povinelli）在美國路易斯安那州的靈長類[4]實驗室，以及麥可・托馬塞羅（Michael Tomasello）在德國的靈長類實驗室都進行相關研究，並提供了更多證據，說明黑猩猩能力的侷限。他們深具影響力的研究都顯示，黑猩猩幾乎不了解引發行為的心理因素——無法理解人類行為背後的感知、意圖或信念。最有力的研究結果來自一項實驗，這項實驗探討黑猩猩如何理解其他對象的視線。

我親眼目睹這項實驗的進行，當時我到波文奈利的實驗室拜訪他。他的靈長類認知實驗室位於路易斯安納州的新伊

讀心：我們因此理解或誤判他人意圖的心智理論

---

4. 由此開始，我使用「靈長類」一詞時，指的是非人類的靈長類動物。比起每次都寫「非人類的靈長類」和人類，這樣寫比較簡短，儘管人類也是靈長類動物之一。

比利亞（New Iberia），當地為路易斯安納法裔區的中心。在一大片稍微高出海平面、曾是空軍基地的平地上，飼養著上百隻猴子和上千隻黑猩猩。大部分的動物都用來進行生物醫學實驗，不過波文奈利的實驗室則專門研究黑猩猩的行為——透過黑猩猩的行為一窺牠們的心智。

波文奈利的研究以黑猩猩本來就會的請求手勢為基礎[5]：黑猩猩會伸出一隻手、手掌朝上，試著向同類要食物。研究人員會先訓練黑猩猩學會隔著透明壓克力牆，向坐在試驗室裡的一位馴獸師做出請求手勢。這面牆上有好幾個洞口，但黑猩猩要學會將手穿過直接面對馴獸師的洞口，做出請求手勢。成功做到的話，馴獸師會稱讚黑猩猩，並且給一點食物作為獎賞。所有的黑猩猩很快就學會從正確的洞口做出請求的手勢。

黑猩猩學會以後，實驗就開始進行。如果一次面對兩個馴獸師，一個看得見牠們，另一個看不見，黑猩猩會有什麼反應呢？人類的話，顯然會向能看得到的馴獸師要食物，但黑猩猩會這麼做嗎？

5. 完整的實驗內容請見 Povinelli, D., & Eddy, T. (1996). What young chimpanzees know about seeing. *Monographs of the Society for Research in Child Development*, 61, (entire Serial No. 24). 比較短的綜述請參考 Povinelli, D., & Preuss, T. (1995). Theory of mind: Evolutionary history of a cognitive specialization. *Trends in Neurosciences*, 18, 418 and following.

波文奈利和他的研究團隊設計了好幾個情境，我看到的
是面對／背對情境。一位馴獸師穿著淺綠色的手術工作
服，面對黑猩猩坐著；另一位穿著類似，但背對黑猩猩。至
於水桶情境，一位馴獸師的頭用水桶罩住；另一位則手持同
樣的水桶，將水桶置於頭旁邊。還有雙手遮蔽情境，一位馴
獸師用手遮住雙眼，另一位則遮住雙耳。每一組的設計都能
讓任何人馬上知道哪一位馴獸師看得到黑猩猩，哪一位看不
到。

結果發生了什麼事呢？面對／背對的情境中，黑猩猩有
超過五成的機率，向面對牠們的馴獸師做出手勢。但所有情
境中，只有在這個情境下，黑猩猩表現正確的機率超過五
成。其他情境中，黑猩猩會向直視牠們的馴獸師伸手，也可
能會向頭被水桶罩住或雙手遮眼的馴獸師伸手，機率差不
多。和黑猩猩相比，兩三歲的人類小孩幾乎都會找看得到他
們的研究員。

這個實驗結果代表什麼意思？為什麼黑猩猩明明清楚想
要食物，卻向看不到牠們的馴獸師要呢？波文奈利認為，雖
然黑猩猩很聰明，某些方面學得很快，例如能知道要去哪個
樹叢或樹上找到好吃的水果、只有一位馴獸師時，能快速學
會從壓克力牆上的洞口要食物；但牠們卻無法利用其他對象
的心理狀態——這個實驗中指的是感知（視覺）——來解決

問題。

　這就是很狹窄侷限的情況。

　為了進一步測試這個假設，波文奈利和他的團隊回到面對／背對的情境。只有這個情境顯示黑猩猩可能有察覺到馴獸師的感知。這次他們也讓黑猩猩一次看到兩位馴獸師，兩位的身體都背對黑猩猩，但一位馴獸師將頭轉向黑猩猩。黑猩猩向兩位伸手的機率都沒超過五成，就算轉頭的馴獸師明顯能看得到牠們、沒轉頭的看不到。黑猩猩好像知道身體的位置和是否能獲得食物有關，但他們沒發現「看得見」是關鍵的原因。

　研究團隊也進行測試，看看黑猩猩能否學會利用馴獸師的感知。研究人員讓黑猩猩進行不同情境的測試（轉頭、水桶、雙手遮蔽、矇眼的情境）。每個情境中，只有向能看得到牠們的馴獸師要食物，才能取得食物；這樣的安排有點像在史金納箱[6]（Skinner box）中，以食物增強老鼠的行為。某些情境下，像是水桶情境，黑猩猩最後的確學會向正確的馴獸師要食物，但學習的速度很慢又費力，要經過上百次的測試才能學會。相較之下，人類小孩進行類似的測試，馬上就

6.　譯註：史金納箱（Skinner box）由美國心理學家史金納（B. F. Skinner）所發明，實驗情境為將老鼠關於設有一個或多個操作裝置的箱子中。老鼠起初在裡面亂轉時，可能會剛好觸動桿子而掉下食物。老鼠經過多次嘗試以後，漸漸學到只要觸動桿子就會有食物，因而學會壓桿的動作。

能學會。

　　在其他情境下，黑猩猩做對的機率從來沒有高於五成。其中一個為矇眼／矇嘴情境：一位馴獸師的雙眼被一條黑布矇上，另一位訓練則是被相同的黑布矇上嘴吧。即便黑猩猩只有向矇嘴的馴獸師要食物才能得到獎賞，但經過很多次測試後，黑猩猩向兩者要食物的機率還是差不多。進一步的研究也顯示，只要馴獸師臉部被遮住的部分面積相同，黑猩猩就會隨機向兩位馴獸師要食物。黑猩猩沒在管馴獸師是否看得到牠們。

　　1990 年代，波文奈利和麥可‧托馬塞羅[7]各自的研究都證實：如果試驗牽涉到黑猩猩的物質與社會結構，黑猩猩的學習力就很強。牠們能快速知道哪隻同類支配食物和交配對象，也明白要找誰形成同盟關係。母黑猩猩性成熟之際會離開原本的群體，加入其他群體中，所以公黑猩猩學到，比起姐妹，兄弟是更長久的夥伴。牠們會學著保護自己。不同群體間的公黑猩猩會互相傷害殘殺，所以黑猩猩群體學會在地盤邊界安排自己人巡邏站哨。然而，學者認為，這些學習行為和人類的相比，有一個很大的限制：對於引發個體的注意、舉動或情緒表現的原因，黑猩猩無法明白，或理解有

7.　關於 1990 年代非人類靈長類認知研究，必讀的專書為托馬塞羅等人所寫的《靈長類動物的認知》(*Primate cognition*)。

限。這似乎就是人類和其他靈長類之間的一大差異。

成果漸趨開闊豐富

現在很快跳到十年後，那時我到德國萊比錫動物園，在托馬塞羅的靈長類認知實驗室拜訪他。為什麼呢？因為自從1990年代，研究成果漸漸轉而支持開闊豐富的觀點，黑猩猩其實比我們之前認為的更像人類。其中有一個研究特別讓學者改觀。這項研究來自托馬塞羅和同事長久以來在萊比錫的努力。[8]

托馬塞羅的實驗表面上看來，不管實驗方法或設計都很像波文奈利的實驗。馴獸師主要由女性擔任，身穿淺色手術工作服，將黑猩猩帶到實驗室中，讓牠們身處好幾個縝密安排的情境，觀察黑猩猩的反應。然而，這次實驗安排了兩隻黑猩猩彼此競爭，不像之前的實驗只有一隻黑猩猩和人類互動。這樣的安排產生了完全不同的實驗結果。

黑猩猩社群的階級劃分很明確，不管是雌雄之間、雄性

---

8. 這項比較新的研究請參閱這篇清楚易讀又簡短的文章 Tomasello, M., Call, J., & Hare, B. (2003). Chimpanzees understand psychological states—the question is which ones and to what extent. *Trends in Cognitive Sciences*, 7, 153-156. 更全面詳細但仍簡短好讀的論述請見 Call, J., & Tomasello, M. (2008). Does the chimpanzee have a theory of mind? 30 years later. Trends in Cognitive Sciences, 12, 187-192. 托馬塞羅之後有修改專書《靈長類動物的認知》中的看法，請見 Seed, A., & Tomasello, M. (2010). Primate cognition. *Topics in Cognitive Science*, 2, 407-419.

之間或雌性之間都如此。托馬塞羅的實驗裡有兩隻黑猩猩，一隻位階較高（主導地位），另一隻位階較低（從屬地位）。兩者分別關在面對面的房間，房間門上有洞口，可以看見彼此。食物則擺在兩房中間的空間，由於房間的門上有洞口，所以黑猩猩能看到放食物的地方，但無法鑽過洞口拿到食物。之後會開門讓兩隻黑猩猩進到中間的空間拿食物，而從屬的黑猩猩會早一點被放出來。研究人員也能擺放長方形的板子，讓黑猩猩可以看到或看不到食物。

　　在大自然中，如果主導的黑猩猩和從屬的黑猩猩要搶食，從屬的黑猩猩知道自己必定落敗，所以會直接讓主導的黑猩猩取得食物。但在這個實驗中，雙方的競爭關係受到研究人員控制。有時候雙方都看得到食物；有時候只有從屬的黑猩猩看得見食物，但主導的黑猩猩看不到。

　　托馬塞羅想了解，從屬的黑猩猩是否能察覺對方的知覺——知道主導的黑猩猩看不到食物，因而去拿那份對方看不到的食物。實驗結果顯示，從屬的黑猩猩看到兩份食物，而且知道主導的黑猩猩只能看到其中一份時，從屬的黑猩猩通常都會去拿主導的黑猩猩看不到的那份食物。

　　這樣的結果代表黑猩猩可以根據對方看得到什麼而調整自身的行為嗎？黑猩猩能辨識其他同類的感知和注意力嗎？

我親眼看到黑猩猩的行為，這樣的結果令人信服。此外，進一步的研究也支持這個比較開闊豐富的觀點在萊比錫的實驗中，不管是第一個情境，或其他不同情境下，從屬的黑猩猩都能判斷主導的黑猩猩看不看得到食物。舉例來說，托馬塞羅的團隊也設計了一個情境，讓主導的黑猩猩先看到食物，並且目睹食物藏起來的過程。儘管主導的黑猩猩已經看不到藏起來的食物了，但對從屬的黑猩猩來說，這份食物已經「專屬」於主導的黑猩猩了。在這樣的安排下，從屬的黑猩猩比較可能是因應權力關係，有所忌諱而不吃這份食物；而不是根據對方是否看得到這份食物，而決定要不要拿這份食物。不過，還有一個類似的情境：主導的黑猩猩目睹了食物藏起來的過程，但接著研究員就換掉這隻黑猩猩，換上另一隻主導的黑猩猩，這隻完全沒看過那份食物。在這個情境下，從屬的黑猩猩就會迅速拿取那份食物。可見從屬的黑猩猩有追蹤對方的視線，並沒有因為權力關係而不吃那份食物。

　　這些研究都證實，黑猩猩能理解視線和知情有關。如果主導的黑猩猩有看到，牠就會知道。

黑猩猩的侷限

　　在競爭的情況下，黑猩猩會知道同類是否有看到食物或

知道食物的存在（對象換成人類也如此）。牠們也明白某些有意圖的行為，像是研究員是否打算給牠們一串葡萄（請見補充說明 10.1）。不過黑猩猩無法理解對方的想法或錯誤信念，即使在競爭的情況下也是如此。此外，黑猩猩幾乎不會教同伴任何事，連嘗試的意願都沒有。教學是一件必須用上心智理論的行為。即便是兩歲的人類小孩，都會試著教別人，而且通常都滿成功的；但不管年輕或成年的黑猩猩都不會教同類任何事。身為母親的黑猩猩甚至不會刻意教導小孩重要的捕食技巧。

　　黑猩猩的理解力遠遠不及人類小孩，而且人類小孩的行為似乎也來自不同的機制。

補充説明 10.1：

黑猩猩的其他理解力

其他托馬塞羅和同事的研究也透露了黑猩猩如何理解自我和他者。舉例來説，在競爭食物的實驗中，黑猩猩並不是自我中心地觀察對方。黑猩猩表現出牠們知道「我有看到，但你沒有」，或是「我看到食物被藏起來，而你沒看到」。人類大概一歲時就能如此，學界將這樣的行為稱為視覺或

認知角色取替（visual / cognitive perspective taking），而我們的靈長類近親也會這麼做。

此外，競爭食物的實驗結果也產生了新的疑問：像是意圖等心理狀態，黑猩猩了解的程度有多少？這方面也支持了開闊豐富的觀點嗎？

實驗結果顯示，黑猩猩能理解某些細微的差別。[9]

約瑟夫·寇爾（Josep Call）和托馬塞羅設計了一個不情願／無法（unwilling-unable）的實驗。在萊比錫動物園內，他們請馴獸師手伸過籠子的欄杆，遞食物給黑猩猩。針對某些黑猩猩，馴獸師試著遞上一顆葡萄，但「無法」成功。馴獸師動作笨拙，不斷讓葡萄掉到地上，導致葡萄不斷滾回馴獸師身邊。對其他黑猩猩，馴獸師先是遞上葡萄，但接著又收回。從人類的觀點來看，會覺得馴獸師不樂意和那顆葡萄分開。在不情願的狀況下，黑猩猩請求的動作會做得比較多次，而且會較早離開測試的房間。至於在無法提供食物的

9.　兒童的研究請見 Behne, T., Carpenter, M., Call, J., & Tomasello, M. (2005). Unwilling versus unable: Infants' understanding of intentional action. *Developmental Psychology*, 41, 328-337. 黑猩猩的研究請見 Call, J., Hare, B., Carpenter, M., & Tomasello, M. (2004). "Unwilling" versus "unable": Chimpanzees' understanding of human intentional action. *Developmental Science*, 7, 488-498.

情境下，黑猩猩比較有耐心。儘管馴獸師的行為（手持某物但沒有遞出去）和結果（黑猩猩都沒拿到那顆葡萄）非常相似，黑猩猩的反應還是有差別。

研究人員的行為看起來很像，但黑猩猩和（另一個研究中的）人類嬰兒都能辨識出研究人員潛在的意圖，並且隨之調整自身的反應。

人類、黑猩猩大比拼：
分享、互助、自利與利他

分享與合作

黑猩猩很少會跟同類分享食物。不管是研究室實驗或野外觀察，黑猩猩並不會向同類指出食物的所在地；同類請求分享食物時，黑猩猩也不會輕易給予。

黑猩猩母親偶爾會分食物給自己的小孩，但這並不常見；反觀人類母親和小孩則分享所有事物。

不過，實驗室的情境可以激發黑猩猩的合作行為。盤子上有食物，要取得食物得同時拉扯盤子兩端的繩索；只能這麼做的話，兩隻黑猩猩就會通力合作。然而，如果食物沒有事先分好，一旦牠們成功拿到食物後就會拆夥，而且主導的

黑猩猩會整碗捧去，這和人類很不一樣。即便是年紀很小的小孩都會合作，如果戰利品沒有事先分好，小孩事後也會試著平分。[10]

有益的溝通

持續的合作關係需要信任對方（「我知道你會跟我分享食物。」）；也需要溝通（「你負責這個，我處理那個。」）。以這兩個條件為基礎，波文奈利進行了相關研究。結果顯示，互助合作對黑猩猩來說很難。

之後的研究顯示，關於波文奈利的實驗與托馬塞羅比較新的實驗，兩者關鍵的差異並不在於和黑猩猩互動的是人類還是同類；差別反而是在於，能否在互助合作的情境下判讀心理狀態。就像托馬塞羅之後進行的實驗，在競爭情境的實驗中，黑猩猩能理解人類和同類的感知和知情程度。

人類，即便是非常小的小孩，會使用手勢、手指指示，還有話語來告知他人。十八個月大的山米會指著自己拿不到的玩偶，好讓媽媽幫他拿，這種情況屬於祈使性的溝通（imperative communication）。山米也會指向駛過的貨車，

10. 人類和黑猩猩利他行為的研究可參考 Warneken, F., & Tomasello, M. (2009). Varieties of altruism in children and chimpanzees. *Trends in Cognitive Sciences*, 13, 397-402. 費利克斯・沃納肯的引文出自這篇文章。

好讓媽媽注意到，這是陳述性的溝通（declarative communication），

　　很大一部份的人類溝通都屬於陳述性質。許多研究顯示，截至小孩兩歲時，他們用手指向物件的行為中，有80%或以上都屬於陳述性質：為了要和其他人分享一個有趣的事件或景象。相較之下，幾乎所有黑猩猩的溝通方式都屬於祈使性質，而且是為了圖利自己。黑猩猩向人類比手勢時，大約95%的時候都是希望人類替牠們拿東西，也就是在請求。

　　珍古德的紀錄片中，有些畫面紀錄著黑猩猩看似透過吼叫的方式呼朋引伴分享食物，你可能會覺得這是個例外。某隻黑猩猩發現了一大堆的野生芒果，興奮地吼叫，接著其他黑猩猩都衝上來一起吃。然而，當代的研究顯示，這樣的吼叫主要是為了圖利自己。就算大家都很靠近芒果樹，而且不需要特別告知，黑猩猩還是會吼叫。學者表示，黑猩猩吼叫是為了進食過程中有同伴，能免於掠食者的威脅，或純粹只是因為興奮而吼叫。吼叫的功能不是為了告知或分享。

互助行為

　　費利克斯・沃納肯（Felix Warneken）是我在密西根大學的同事，他的研究顯示，小孩很常也很容易幫助他人。以

下情境中，只有十四個月大的小孩都會向大人伸出援手：

1. 大人從桌上弄掉了一樣東西，結果無法輕易撿起來。

2. 手裡抱滿書的大人，無法打開櫥櫃的門。

3. 大人無法從一個緊閉的盒子裡拿東西，但從小孩那一側
   看來，盒子是打開的（但大人不知情）。

　　這些情況下，學步兒清楚知道大人力不從心，而且他們
總是會伸出援手：幫忙把掉落的東西撿起來、協助打開櫥櫃
的門、指向盒子的開口。即使他們不會被稱讚，或是得中斷
自己玩得很開心的活動，這些小孩都會幫忙。

　　此外，利用違反預期法的實驗也顯示，只有六個月大的
嬰兒就能分辨誰在幫忙、誰在礙事。對不協助反而礙事的
人，嬰兒會注視得比較久──意味著他們原本預期應該要幫
忙，但卻看到阻饒，因此感到詫異。稍微再大一點的小孩會
主動擁抱幫忙的人，或給他們小點心作為獎賞，但對礙事者
卻不會這麼做。[11] 沃納肯表示：「從很小的時候開始，人類嬰
兒和幼童就自然展現出同理心，樂於助人、慷慨大方，而且
樂於提供所知的訊息。」要展現這些特質，小孩必須要了解

11. 請參考 Hamlin, J. K. (2013). Moral judgment and action in preverbal infants and todd-
lers: Evidence for an innate moral core. Current Directions in Psychological Science,
22(3), 186-193.

其他人的意圖、行為、欲求和知情程度。

　　然而，我們的靈長類近親卻非常不了解這些內心狀態。黑猩猩大概能明白他者的企圖、行為，以及掌握多少訊息，尤其在競爭食物的狀態下特別清楚。但黑猩猩卻幾乎不互相幫忙，溝通時主要都在指示或請求對方，而且多是為了獲得好處而不是為了告知、協助他者，或和他者合作。總而言之，論及黑猩猩為了合作或溝通的讀心能力，學界目前持續以比較狹窄侷限的角度來詮釋。溝通、分享、互助仍是生而為人獨有的特質。[12]

　　不過真的是獨有的嗎？

我的狗懂我的心

　　我每次以心智理論為主題上課或演講時，都會有養狗人士跟我說：「我的狗懂我在想什麼。」以前我都很懷疑，覺得可能是因為家犬很熟悉主人的各種訊息提示才讓主人這麼想，畢竟主人提供食物、給予關愛和培養感情的機會。然

---

12. 還是要講清楚，人類的心智理論能力不只是為了互助合作的互動。和黑猩猩一樣，我們也是互相競爭、自私自利的動物。也如同珍古德所說，我們也是政治性動物。很多約瑟夫·史達林（Joseph Stalin）的傳記都描述他擅於解讀人心到非比尋常的地步，或許這個特質能解釋他在政治權謀方面的成功。儘管他幹了這麼多的壞事，蘇聯政治情勢也不斷變化，他的下場並不淒慘，最後還是在床上病逝。

而，真相其實跟我想的不一樣，而且比我認為的還要更好。

研究顯示，狗特別擅長解讀人類和同類用來溝通的訊息。幾個實驗都發現，狗輕易就能知道人在指哪裡或看哪裡，而且也明白很多字詞和手勢的意思，像是球、坐下、這裡等等。此外，如果不准牠們吃某些東西，狗兒也會乖乖聽話，但僅限於人類睜大眼睛盯著的時候，眼睛閉上時就是另一回事了；牠們也能分辨得出視線是停在物件身上，還是停在物件上方的空間。

狗兒馬上就能正確理解這些用來互動、溝通的意圖，而且身為幼犬時，就已經展現出很多這類的能力。和成年黑猩猩不同，幼犬反而更類似一歲大的人類嬰兒，能正確判讀手勢和視線，能溝通互動，也能單純解讀他者要表達的意涵。比起我們的靈長類近親，狗兒反而比較社會化，比較能互助、溝通。

但我還是要申明，狗的社會認知能力有其侷限。儘管幼犬像一歲嬰兒一樣，會特別注意人、人的手勢，牠們卻不會繼續發展出一套心智理論，連兩歲小孩的心智理論程度都沒有。不過，很少有動物能像狗一樣，和人類這麼合拍。怎麼會發生這種事呢？

目前最完備的假設認為，經過漫長的馴化過程，狗演化出和人類相似的社會性本領。馴化的過程中，狗變得沒那麼

好鬥、具攻擊性，而且也變得比較不怕人。

　　美國杜克大學（Duke University）的布萊恩‧哈爾（Brian Hare）是一位研究狗的傑出學者，他也是托馬塞羅的學生。他提出了「社會情緒反應性」（social–emotional reactivity）的假說，他認為比較不怕人、不容易攻擊人的野生犬科動物（狼）經過長久馴化後，就變成了現在的狗。[13] 起初，人類比較能容忍這些性情較溫馴的狼在人類的垃圾堆中翻找食物，食物的增加讓性情溫馴的狼佔有生存優勢。隨著時間的積累以及頻繁的接觸，這些犬科動物發展出類似於人的社會溝通能力。由於犬科動物只要一兩年就達到性成熟，五百年和人類一起生活下來，就已經繁衍兩三百代──足以揀選出哈爾所說的沒那麼逞兇鬥狠、不那麼怕人的品種。

　　一項特別的育種研究讓哈爾的主張更有說服力，這項研究在西伯利亞的狐皮養殖場進行。由於野生狐狸可能很兇（咬傷飼養員），或容易擔心受怕（蜷縮在籠子裡、不好好進食，因此沒有長出健康漂亮的毛皮），為了解決這些問

---

13. 關於狗的心智理論和犬科性情（「社會情緒反應性」假說）的關係，請參考哈爾淺顯易懂的概述 Hare, B., & Tomasello, M. (2005). Human-like social skills in dogs? *Trends in Cognitive Sciences*, 9, 439-444. 布萊恩‧哈爾的著作《狗的天賦》（*The Genius of Dogs*）有提到他的犬隻研究。關於西伯利亞狐狸研究的「回憶錄」《如何馴養狐狸（並打造成一隻狗）》（*How to tame a fox (and build a dog)*）也值得一讀。

題，一家毛皮養殖場進行了一項育種計劃。這項研究偷偷摸摸地在 1950 年代啟動，因為當時史達林主義籠罩下的蘇聯，絕對不允許基因與演化的研究。以培育出毛皮品質更好的狐狸為理由，遺傳學家狄米崔‧貝里也夫（Dmitri Belyaev）和柳德米拉‧楚特（Lyudmila Trut）得以進行這項實驗，因為有助於蘇聯的經濟發展。

他們將每一代的狐狸分成兩組。實驗組聚集了較不怕飼養員、較不具攻擊性的小狐狸，透過謹慎安排（避免近親繁殖等），讓牠們彼此交配繁殖。牠們生下的狐狸寶寶也進行測試，同樣將新出生的這一代分成溫馴與不溫馴兩組，溫馴的狐狸集中繁殖。每一代的對照組，也就是較不溫馴的狐狸，則放任牠們自由交配繁殖。

好幾代下來，實驗組的狐狸變得幾乎不怕人或幾乎不會攻擊人；而且牠們意外地展現出家犬一般的馴化跡象。哈爾對這一代的小狐狸進行了手勢和視線的測試，牠們的表現和同齡的幼犬一樣好。對照組的狐狸在這些測驗上表現得一團糟，不過在其他非社會性的解決問題測驗上，對照組的狐狸和馴化的狐狸表現得一樣好。

和對照組狐狸不同，最溫馴的實驗組狐狸喜歡被抱、被摸，而且能在人類的家裡生活；牠們的外表也明顯產生變化，長出垂耳、鈍鼻，牠們甚至會搖尾巴，這些性狀與行為

野生狐狸從來都不具備。你可以在 YouTube 上找到這項實驗的影片，請搜尋：Siberian breeding experiment（西伯利亞育種實驗）。

狗大概是在兩萬至三萬五千年前馴化而來的，馴化的過程讓狗的性情變得更溫順，因此更容易獲得人類的資源。溫順的性情也讓狗具備更好的溝通、合作、社會認知能力，這些能力讓狗似乎特別像人類。馴化的過程中，狗也變得樂於助人：牠們帶食物回去給人類，不會自己吃掉；牠們也會幫忙管理動物，也能訓練成為服務犬。[14] 這些改變都讓狗能更適應生存環境，能受到人類的保護、獲得人類的資源。

有沒有可能，我們的靈長類祖先也用類似的方式演化？也就是說，我們「馴化」了自己？或許類似的演化過程就能解釋人類和黑猩猩的差別，說明為什麼黑猩猩的競爭性與自我中心不敵人類互助、樂於溝通的心智理論？狗和狐狸的演化過程中，淘汰了對人的攻擊性、淘汰了對人的恐懼，讓牠們更能和人類共存；溫順的性情進一步強化心智理論的能力，促成更好的溝通和互動。或許人類也是如此。這類性情與社交技巧的轉變肯定對原始人類的群體生活大有幫

14. 很多狗主人也認為自家的狗兒會幫助他們脫離險境（跑去搬救兵），就像有名的靈犬萊西（Lassie）一天到晚拯救小主人提米一樣。不過，研究表示狗不太可能會去搬救兵，請參考 Macpherson, K., & Roberts, W. (2006). Do dogs (Canis familiaris) seek help in an emergency? *Journal of Comparative Psychology*, 120, 113-119.

助：更順利地分享食物、共享發明與發現的成果，成員的安全更有保障。

不同性情的人類

所以，我們是不是「馴化的人猿」呢？難道我們不僅進化成直立行走、開始使用工具，還改變了性情，因而遠離了靈長類動物不斷競爭的特性嗎？從高度競爭變成更能合作互助，對人類的演化和生存很重要嗎？

當然，我們無法確切知道到底是什麼因素誘發了人類的演化。不過，狗的演變啟發了我和同事，讓我們想到人類也可以進行類似的測試。性情比較「溫順」的小孩——不怎麼火爆衝動、更樂於助人、不怕生——在社交技巧、對人際互動的理解方面，會發展得比較好嗎？

打從嬰兒期開始，小孩就展現出不同的秉性。有些小孩比較活潑好動，有些比較安靜沈穩；有些小孩格外注意人情世故，有些則把心思放在實體物件身上。有些小孩強勢積極，有些害羞，有些則善於合作。學齡前兒童的性情特別受到學界重視，累積了不少研究成果。我們都知道，性情會影響兒童的人際互動和社會調適（social adjustment）情況；而這些都可能形塑兒童心智理論的理解和發展。那什麼樣的

性情最有幫助呢？比較強勢積極的小孩和人的互動機會可能比較多，因此累積較多經驗，讓自身的心智理論發展得早一些。但話又說回來，小孩的強勢積極可能會妨礙小孩判讀比較複雜、細膩的心理狀態；沈默寡言但觀察力敏銳的小孩反而可能更了解他人和自己。

我們決定要找出答案。[15] 參考犬隻馴化的研究，我們假設強勢積極的性情會妨礙小孩心智理論的發展，而善體人事但不膽小怕生的性情則會加強心智理論的發展。

我們的研究評估了將近 150 位的學齡前兒童。三歲半時，小孩的母親要填寫一系列關於小孩性情的問卷。另外，小孩三歲半及五歲半時，分別要接受心智理論的測驗，也就是標準學齡前兒童的錯誤信念測試。為了有效評估，小孩也要進行智商和語言能力的測驗。

研究結果顯示，沒有其他因素的影響下，從小孩三歲半的性情就能清楚預測小孩五歲半的心智理論成就。而且強勢積極的性情使得未來兩年的心智理論發展得比較差；至於害

15. 我們的第一份研究（三歲小孩長到五歲時的發展狀況）請參考 Wellman, H., Lane, J., Labounty, J., & Olson, S. (2011). Observant, nonaggressive temperament predicts theory of mind development. *Developmental Science*, 14, 319-326. 第二份研究針對美國和中國的小孩，請見 Lane, J., Wellman, H., Olson, S., Miller, A., Wang, L., & Tardif, T. (2013). Relations between temperament and theory of mind development in the United States and China: Biological and behavioral correlates of preschoolers' false-belief understanding. *Developmental Psychology*, 49, 825-836.

羞但善體人事的性情則讓心智理論發展得比較好。

　　前述這種害羞、善於觀察的性情並不是膽小怕生、迴避型的害羞。這類性情的小孩並不怕人，他們對人際互動感興趣但觀察力敏銳，就像性情問卷上的描述，他們「喜歡先觀察一下，再加入玩耍的行列」或「面對新認識的人比較慢熟」。

　　我們接著也繼續研究下去，這項研究由強納森·連恩（Jonathan Lane）主導。由於前述兩種不同的害羞在大部分的性情量表上都混為一談，這次研究中，我們想辦法區分了兩者。研究中，一組聚集了迴避社交互動（也稱為社會退縮）、膽小怕生的小孩。另一組則是人際互動方面比較沈默寡言，不過並不太膽小怕生。這組兒童喜歡先保持一點距離靜靜觀察後，才加入所觀察的社交情境，而且他們也不會討厭和人相處。研究結果顯示，不管在美國或中國，性情害羞安靜但善於體察的小孩，他們的心智理論能力表現得最好。

　　此外，太投入鬧哄哄的活動，或常處於情緒紛亂激動的狀態，好像會妨礙小孩理解人際互動、人情世故；不怕生又善於觀察他人則會促進理解。

　　這些數據，加上狗與黑猩猩的研究成果都讓我相信，人類卓越的智力追根究底都來自社交生活的需要。發明印刷術、飛機、智慧型手機所需要的認知能力並不源自物質世

界；創造這些事物的能力源自於用來理解社交生活的智力。印刷術、智慧型手機、飛機還有其他很多東西的發明，都是為了應用在人類社群裡，用來與人互動、更了解人。我深信，人類智力因為社會性的需要開始發展，而且也持續具備社會性的特色。

社會智力

第二章提到，演化心理學家尼古拉斯・漢弗萊表示：「不管多平凡的人都能揣摩、解讀心理狀態，但這絕對不是一項普通的能力。」

漢弗萊相信，我們每天用來讀心的能力就是人類智力的基礎。因為人類思考群體生活、人際互動的能力有所提升，進而帶動人類整體智力的發展。

他的「社會智力」（Social Intelligence）假說主張，人類智力之所以進化，是因為原始人類所處的群體社會越來越複雜。人際互動中表現最好的人——例如成功擺平自己的盟友和競爭者的人——生存下來了。之後人類逐漸朝這麼方向演化，變得更具社會性，而人際往來、群體生活也越來越頻繁緊密，推論人情世故的能力也增加；這一切接著帶動整體智力的進化。

社會智力假說現在也稱作「社會腦」（social brain）假說[16]，因為支持這項假說的證據有一部份來自研究不同動物大腦的新皮質（neocortex）大小。新皮質是大腦最外層彎曲皺摺的膠狀組織，最靠近頭骨。人類的新皮質特別大，但遠古人類和黑猩猩的新皮質大小卻差不多。舉例來說，南方古猿人（Australopithecus）的大腦尺寸只有現代人大腦的35%，而且差別這麼大的關鍵幾乎在於新皮質的大小。而且和現代人的大腦相比，南方古猿人的大腦尺寸更接近黑猩猩的大腦。

科學家比較了不同物種大腦的新皮質尺寸和牠們的整體智力，發現新皮質尺寸與較高的智力、較好的學習能力有相關性，但不是完全相關。有些鳥類個頭小、大腦也小，智力卻很高，烏鴉和鸚鵡尤其如此。此外，所有哺乳類動物會特別擅長某種學習方式。美國心理學家史金納就發現，老鼠在操作制約[17]的情境下學得特別快。不過整體來說，研究結果

16. 請見漢弗萊的書《重拾意識》（*Consciousness regained: Chapters in the development of mind*）。
    羅賓・鄧巴整理了相關的社會腦假說及跨物種大腦尺寸和智力的資料，請見 Dunbar, R. (1998). The social brain hypothesis. *Evolutionary Anthropology: Issues, News, and Reviews*, 6, 178-190. 本章鄧巴提及社會認知學習力的話出自 Dunbar, R. (2013). An evolutionary basis for social cognition. In M. Legerstee, D. Haley, & M. Bornstein (Eds.), *The infant mind: Origins of the social brain* (pp. 3-18). New York, NY: Guilford Press.

17. 譯註：操作制約指的是個體對某個刺激有所反應、做出某個行為後，會相應產生「增強物」，而增強物將影響個體之後再做出同樣行為的機率。

顯示：新皮質越多代表智力越高，尤其是社會智力也越高。

　　人類的新皮質比其他哺乳類動物的新皮質都來得大；[18] 根據社會腦假說，這代表社會智力比較高。其實，就連小孩也展現出一些特質，讓我們覺得和比較大的新皮質有關，像是他們開始發展的心智理論能力。和我們最相近的黑猩猩並沒有明顯的心智理論發展跡象，而且黑猩猩的新皮質也比較小。

　　不過，演化人類學家羅賓·鄧巴也澄清，社會智力假說不只是關乎智力，也牽涉到學習。對某些人來說，生活在複雜、關係緊密的群體中比較佔優勢，因為這些人能察覺哪些人可能會幫助或傷害自己。然而，要善於察覺，就得了解不斷變化的環境，學著適應。保護、幫助年幼黑猩猩的母黑猩猩在青春期時，一定會離開原生的群體，到其他地方交配和生活。公黑猩猩待的地方差不多，不太離開原生群體，但牠們會形成階級和聯盟，而且這些關係會隨著年齡增長和爭權打架持續變動。

　　鄧巴堅信：「如果在你身處的群體很重視盟友，盟友攸關你的生存或繁衍，你就得善用經驗行事，這就牽涉到學習。」

---

18. 至少從大腦佔整體大小與體重來看的話，人類的新皮質比其他哺乳類動物來得大。以大腦的重量佔身體重量的比例來說，人類所佔的比例最高。

從非人類的祖先身上，看得到我們心智理論的起源，但人類的心智理論與眾不同。心智理論關係到的範圍很廣，幾乎影響人類所有的認知和人際互動。心智理論最根本的特性是會不斷發展，讀心的洞察力會隨著人生累積而持續進步。心智理論的本質也是樂於交流、互助的，就連嬰兒都能運用社會認知能力協助他人、和他人溝通，並向他人學習。雖然人類是從其他物種演化而來，但因為具備心智理論這樣的社會理解力，才讓人之所以為人如此獨特。

第十一章

社會腦

2006 年，一篇《紐約時報》（*New York Times*）的文章〈會讀心的細胞〉（Cells That Read Minds）[1] 中，作者桑德拉・布萊克斯利（Sandra Blakeslee）寫道：

> 義大利某個炎熱的夏日午後，一隻猴子坐在特殊的實驗椅上，等著研究員吃完午飯回來。好幾條電極線已經植入猴子的腦袋，連接的大腦區域掌管著動作的計劃和執行。猴子每次抓住並移動某個物件時，這塊區域有些腦細胞就會產生反應，也就是活化；此時偵測器就會發出嗶嗶嗶的聲響。

> 一個研究生走進實驗室，手裡拿著一隻甜筒冰淇淋，猴子盯著他看。接著，驚人的事發生了：研究生將冰淇淋舉到嘴邊時，偵測器竟然發出嗶嗶嗶的聲響，雖然猴子根本沒有做出任何動作，只是單純觀察那位學生將甜筒移到嘴邊。

---

1. 請 見 Blakeslee, S. (2006, January 10). Cells that read minds. *New York Times*. Retrieved from http:// search.proquest.com.proxy.lib.umich.edu/ docview/433260430 ?accountid=14667

這個實驗其實從花生開始。賈科莫・瑞佐拉蒂（Giacomo Rizzolatti）是義大利帕爾馬大學（University of Parma）的神經科學家，他發現一件奇怪的事情：猴子將花生放到嘴裡時，某些腦細胞會活化；目睹人類或其他猴子將花生放到嘴裡時，這些腦細胞也會活化。

於是，一群義大利學者繼續追蹤這個現象。布萊克斯利在文章中提到的電極線非常細，細到能記錄猴子腦中單個神經細胞的活動，這些神經細胞被科學家稱作「鏡像神經元」（mirror neuron）。鏡像神經元佔了猴子大腦運動皮質的20%，而且有特別的功能。只有在猴子看到有目的的肢體動作時，這些神經細胞才會活化，也就是說：看到一顆花生，沒反應；看到嘴巴張開，沒反應；看到拿起花生，有反應。而且猴子的鏡像神經元將這個動作記錄在腦袋裡，好像自己也做了一遍同樣的動作。這些神經細胞讓觀看的猴子能「立刻」、自動理解觀察到的動作。在這篇《紐約時報》的文章中，瑞佐拉蒂博士表示：「鏡像神經元不是透過推理，而是透過直接模仿，讓我們能理解他人的心智；靠的是感覺，而不是靠思考。」

能讀心的細胞？

猴腦能自動「靠感覺而不靠思考」地讀心，這個主張引起很多人的興趣，並且很快地就用來解釋人類的狀況。舉例來說，學者提出「破鏡理論」（broken mirror），認為自閉症患者的鏡像神經元功能受損，只能產生短暫的「破碎鏡像」，導致自閉症患者無法揣摩他人的內心狀態。然而，很難透過實驗確認人類是否有鏡像神經元。基於實驗倫理，除了罕見的醫療目的外，科學家不能將電極植入人腦中來探測細胞的情況。大部分的人類研究都透過非侵入性的方式進行，例如透過功能性核磁共振造影（functional magnetic resonance imaging，fMRI）、事件相關電位（event-related potential，ERP）來搜集資料。補充說明 11.1 介紹了這兩種技術如何測量上千、上百萬密集的神經細胞活化的情況。

在人類身上，運用 fMRI 的研究顯示，有特定的腦區負責理解有意圖的行為。不像猴腦是單一區域負責產生鏡像，人腦似乎有一組網絡連接不同區域，表現出這樣的功能。也就是說，要研究人類的鏡像機制，必須研究多個互相配合的腦區，研究各腦區裡各種細胞，而不是特定某種細胞。

神經科學家羅伊・穆克梅（Roy Mukamel）的研究證實了 fMRI 的結果。穆克梅目前任教於以色列的希伯來大學（Hebrew University），他之前有個難得的機會能記錄並研

究人腦裡的單個細胞。[2] 二十一位病患在加州大學洛杉磯分校醫學院接受癲癇治療，植入了顱內電極，為了控制發作頻繁、劇烈且具傷害性的癲癇症狀。金屬電極線穿過病患的頭骨，固定在某些特定的皮質細胞上。他的研究證實了 fMRI 的結果。不管是病患目睹動作進行或自行做動作，有些腦細胞都會活化，就和猴子的狀況一樣。不過在人類身上，這些活化的細胞分布在好幾個神經區域上，而且是一個系統的一部份，這個系統涵蓋的範圍很廣。[3]

補充說明 11.1：非侵入性認知神經科學研究方法簡介	
功能性核磁共振造影（fMRI）	電生理學（Electrophysiology）：腦電波測量技術（Electroencephalo-graphy，EEG）／事件相關電位（ERP）
- 概述：在頭部周圍利用磁脈衝（magnetic pulse）偵測大腦的血流變化（血流變化代表有神經活動，因為神經細胞活化時必須消耗氧氣，要靠血流運送氧氣補充）。	- 概述：在受測者頭皮上固定感測器（電極），偵測大腦神經細胞活化時，因為電化學反應（稱為電位）產生的微量電流。這樣的電訊號就是腦電波。紀錄腦電波的曲線圖稱作腦電圖（electroencephalogram），直接反應了神經細胞的活動。

2. 請參閱 Mukamel, R., Ekstrom, A. D., Kaplan, J., Iacoboni, M., & Fried, I. (2010). Single-neuron responses in humans during execution and observation of actions. *Current Biology*, 20, 750-756.

3. 可參考 Van Overwalle, F., & Baetens, K. (2009). Understanding others' actions and goals by mirror and mentalizing systems: A meta-analysis. *NeuroImage*, 48, 564-584.

讀心：我們因此理解或誤判他人意圖的心智理論

- 和醫院的 MRI 儀器一樣，受測者躺在管狀儀器內，周圍圍繞著產生磁場的電磁線圈。MRI 只能形成靜態解剖圖像，但 fMRI 能在大腦運作時，偵測細胞的動態活化狀況，而且特別能偵測大腦血流的帶氧血濃度（oxygen-hemoglobin concentration）變化。 - 根據神經細胞活動而產生的血流改變稱作「血液動力反應函數」（hemodynamic response function），在神經細胞活化後大約五秒，會升高至最大值。 - 利用血液動力反應函數能得出血氧濃度相依（blood oxygen level-dependent，BOLD）訊號，進一步用來比較不同行為或不同受測者神經細胞的活動情況。	- 檢查時，受測者會坐在一般的椅子上，並戴上專屬頭套。頭套上分布著感測器（端看檢查需要的分布密度，可調整成 32、64 或 128 個）。一般來說，感測器會平均分布於（非禿頭者）長有頭髮的頭皮區域。 - 一項常見的腦電波應用方法為測量事件相關電位（ERP）。這個方法能偵測大腦處理特定活動、事件（例如，觀看一個特定影像）時，相關的神經細胞活動。通常會利用 ERP 測量因短暫視覺或聽覺的事件刺激，而引發的腦電波。
功能性核磁共振造影（fMRI）	**電生理學（Electrophysiology）：事件相關電位（ERP）與腦電圖（EEG）**
- fMRI 的空間解析度（spatial resolution）[4] 大約為一至三毫米（因為磁場深入大腦，在非常靠近神經細胞活動之處偵測血流變化）。	- 腦電圖的空間解析度受頭皮上的感測器數量影響，大約是以幾公分為單位；此外，有鑑於好幾個感測器可能都測量到同一個神經來源，因此不是很精確。

4. 譯註：若空間解析度為二毫米，代表構成造影圖像的每個「點」為邊長二毫米的空間。

5. 譯註：時間解析度指得是取得影像所需要花的時間。

| 時間解析度（temporal resolution）[5]則約為二至五秒（因為神經細胞的活動和相應的血液動力反應之間有時間差）。因此，時間解析度沒有 ERP 方法來得精確。 | 源定位法（source localization）能估算出神經來源的位置（透過評估頭皮感測器偵測到的活動型式，以及計算血液、骨骼、組織的導電率），能更準確地計算出腦電活動在哪裡發生。不過，無論如何，腦電圖的空間解析度都比 fMRI 來得差。 |
| | - ERP 方法的時間解析度可達毫秒，端看電位差從神經細胞傳到頭皮的速度有多快。 |

怎麼運作的？

學者也運用行為研究探索鏡像機制。模仿是很常見的人類行為，舉例來說，A 在桌上輕敲手指，B 看到了接著就做出同樣的舉動。由於成人能下意識、迅速地模仿，有些學者因此認為，我們可能是透過鏡像神經元執行這些動作。無意識模仿（automatic imitation）效應就是支持這個論點的有利證明。

一個無意識模仿的實驗中，受試者要模仿示範者的動作，看是要敲左手還右手。示範者戴著紅色或藍色手套，模仿者只能看到示範者的雙手。如果示範者戴藍手套敲右手，模仿者也要敲右手，這是相符合的情境。另一方面，如果示範者戴紅手套敲右手，模仿者反而得敲左手，這是不符合的情境。測驗結果顯示，比起在不符合的情境中，在相符

合的情境中反應正確的速度明顯快很多。這就是無意識模仿效應：由於模仿太過自然，導致在不符合情境下得換手反而妨礙了自動模仿，結果不是反應變慢，就是出錯。

無意識模仿效應指得是在觀察動作與執行動作之間直接、自動地定位──這是鏡像神經元看法的重要概念。毫不意外，包括瑞佐拉蒂等義大利學者都引用無意識模仿效應來佐證人類有鏡像神經元。

真的是這樣嗎？更重要的是，鏡像機制從人類出生開始就在運作了嗎？也就是說，人類天生就有鏡像細胞？或者，這些細胞是否需要學習和發展才能運作？也就是說，需要更龐大的鏡像作用系統而非特定的鏡像神經元？因為現在的大腦數據都來自成人、成年猴子，這兩種揣測都有可能成立。

有一群以色列的科學家利用了自然實驗法（natural experiment）試著找出答案。[6]他們研究了一群患有嚴重白內障的小孩。這群小孩年約十二歲，剛從衣索比亞移民到以色列。移民前，他們的白內障並沒有接受手術治療；移民後，才靠著徹底的現代醫療照護痊癒。這些小孩原本的情況是眼

6. 請 見 McKyton, A., Ben-Zion, I., & Zohary, T. (2018). Lack of automatic imitation in newly sighted individuals. *Psychological Science*, 29, 304-310.

睛接能接收到足夠的光線，但只能看到光影對比[7]，無法看到形體。舉例來說，沒辦法看到手在桌上敲；不過手術後就看得到了。

白內障手術後，這些小孩接受了無意識模仿效應的測試，結果顯示，他們的無意識模仿效應非常遲鈍。[8]這項自然實驗法的研究意味著兩件事：首先，無意識模仿不是由天生的鏡像神經元產生，而是隨著視覺與行為發展，透過學習而具備。如果感知能力在發展過程的早期受損，就沒有無意識模仿效應。第二，因為是學來的，手術痊癒後無意識模仿就逐漸出現。即使大部分的小孩年紀都比較大了，他們還是會慢慢發展出無意識模仿的能力。

打哈欠是會傳染的

很有趣的是，打哈欠的研究結果也支持類似的解讀。你看到某個人打哈欠，沒過多久，你發現自己也跟著打哈欠。你說：「打哈欠可是會傳染的。」其實，真的會。啟動鏡像機制的「感染性哈欠」在人類和猿猴（獼猴、狒狒、黑

---

7. 這足以讓他們的視網膜與視覺系統正常發展，所以手術後他們視力幾乎達到正常狀況，而且能辨識手的動作、顏色等等。

8. 這項實驗中，很多小孩是在手術後一段時間才被找受驗，平均大概在手術後十八個月，這段時間足以讓無意識模仿發展出來，所以他們並不是完全沒有無意識模仿的能力，但很顯然發展遲緩。

猩猩）身上都找得到，但在其他物種上很少見。感染性哈欠也不是與生俱來，而是漸漸發展出來的；和自發地打哈欠相比，感染性哈欠要到人類嬰兒兩歲時才會出現，是隨著經驗累積發展而來的。

fMRI 的研究顯示，受試者觀看他人打哈欠的影片並開始打哈欠時，分散在不同腦區、掌管模仿的系統中，某些特定部位的神經細胞會活化。此外，連接臉部知覺的腦區也會活化。[9]

前面提過，狗具備社會認知能力，牠們會注意並解讀人的手勢和行為；此外，狗也會受感染而打哈欠：看到人類打哈欠，牠們也會跟著打哈欠。比起看到主人張開嘴巴，狗看到主人打哈欠時，自己也更容易打哈欠。而且，比起看到其他陌生人類打哈欠，狗看到主人打哈欠時，自己也打哈欠的次數明顯更多。

總之，這些數據並不支持鏡像神經元與生俱來的假設。這些數據反而顯示，人類和動物會發展出模仿行為，像是感染性哈欠和無意識模仿；這些數據顯示，人腦中存在著

9. 嬰兒的情況請參考 Anderson, J. R., & Meno, P. (2003). Psychological influences on yawning in children. *Current Psychology Letters*, 11. Retrieved from http://cpl.revues.org/document390.html. 狗的狀況請見 Romero, T., Konno, A., & Hasegawa, T. (2013). Familiarity bias and physiological responses in contagious yawning by dogs support link to empathy. PLoS One, 8(8). http://dx.doi.org/10.1371/ journal.pone.0071365

複雜、龐大的鏡像神經系統，這些系統會隨著時間和經驗累積發展起來。

心智理論包括鏡像作用，但遠遠超過鏡像作用。對人類的讀心能力來說，大腦、某種龐大的鏡像系統到底有什麼樣的功能？人生理機能的發展又如何影響這樣的功能呢？我們對成人的大腦和心智所知甚多，大部分神經科學的心智理論研究都針對成人。但對於這項能力的發展過程，目前的解答不完整也很有限。

近期的成人研究顯示，心智理論的推論能力牽涉到好幾個神經區域連結成的網絡[10]，如圖 11.1 所示；我們進行心智推論時，這幾個區域會活化，而自閉症成人患者的活化機制則是受損的。一直都會活化的區域為內側前額葉皮質（medial prefrontal cortex，MPFC）及左右顳頂交界區（temporoparietal junction，TPJ）。

一次實驗中，研究人員請成人受測者看好幾張照片，從照片人物的雙眼推斷人物的心理狀態（心智理論的測試）。

10. 請見 Carrington, S., & Bailey, A. (2009). Are there theory of mind regions in the brain? A review of the neuroimaging literature. *Human Brain Mapping*, 30, 2313-2335.

進行這個心智推論活動時，fMRI 同時追蹤受測者大腦的血流狀況。大腦奮力運轉的部分，血流會增加，能得出血氧濃度相依（blood oxygen level–dependent，BOLD）訊號。這群成人試著判讀心理狀態時，他們的內側前額葉皮質和一部份的顳葉會活化（請參考補充說明 11.1）。然而，當同一批受測者要從同樣的照片判斷人物的性別時，這些區域並沒有活化。

同樣的測驗內容以 ERP 方法檢測（請參考補充說明 11.1）時，結果差不多。成人的頭前部（額頭上方）、頭側

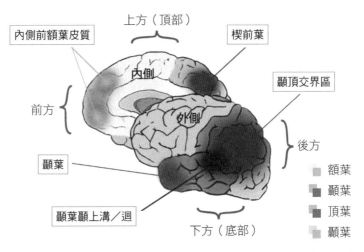

圖 11.1 包含心智理論網絡的神經區域。本圖只呈現一個腦半球，不過研究顯示，成人、兒童進行心智理論推論時，兩側腦半球的這些區域都會活化。

圖 片 來 源：Bowman, L. C., & Wellman, H. M. Neuroscience contributions to childhood theory-of-mind development. In O. N. Saracho (ed.), *Contemporary perspectives on research in theories of mind in early childhood education*(pp. 195–223).Charlotte, NC: Information Age, 2014. 2014.

部（耳朵上方）都顯示有活化反應，這兩部份大概各自對應到前額葉皮質及顳葉皮質（比顳頂交界區高一點的位置）。[11]

如果成人必須處理更複雜的社會互動與場景時，也會用上這些運作心智理論的神經區域。一項研究中，成人受測者閱讀一段描述心理狀態的內容時，fMRI 顯示血氧濃度相依訊號增強。他們所讀的描述如下：

> 羅伯把他的狗綁在路燈上後，走進店裡買咖啡。他走出店門外時，發現狗已經跑到馬路另一頭了。他猜想可能是牽繩鬆脫了。

相對的，如果成人閱讀和心理狀態無關的人物描述，這些神經區域並不會活化。例如：

> 席拉沒有吃早餐，因為她沒趕上開往她媽媽家的火車。下車時，她餓死了，肚子咕嚕咕嚕叫，到處都聞得到食物的味道。

11. 從眼神推斷心理狀態的 fMRI 研究，請參考 Baron-Cohen, S., Ring, H., Wheelwright, S., Bullmore, E., Brammer, M., Simmons, A., & Williams, S. (1999). Social intelligence in the normal and autistic brain: An fMRI study. *European Journal of Neuroscience*, 11, 1891-1898. 至於 ERP 的研究，請見 Sabbagh, M., Moulson, M. & Harkness, K. (2004). Neural correlates of mental state decoding in human adults: An event-related potential study. *Journal of Cognitive Neuroscience*, 16, 415-426.

這類大腦 fMRI 和 ERP 的研究數據都協助我們辨識心智理論的神經網絡所在的位置。

思考、推論信念有關的內容也會活化心智理論的神經網絡[12]：

妮琪把當天晚上要穿去舞會的禮服攤在床上，並將鞋子放在禮服下面。她不在時，妹妹試穿了這雙鞋，並把鞋留在床下了。妮琪回來後，開始著裝打扮，認為她的鞋子還在禮服下面。

處理信念相關的故事時，成人受測者的前額葉皮質和顳頂交界區皆顯示血氧濃度相依訊號增強。如果請受測者描述卡通角色是否抱持錯誤信念，也會產生同樣的活化反應。在這個情況下，受測者描述角色抱持錯誤信念時，活化反應比較大；如果描述角色抱持的是正確信念時，活化反應比較小。

12. 利用 fMRI 的研究請見 Sommer, M., Döhnel, K., Sodian, B., Meinhardt, J., Thoermer, C., & Hajak, G. (2007). Neural correlates of true and false belief reasoning. NeuroImage, 35, 1378-1384. Saxe, R., & Wexler, A. (2005). Making sense of another mind: The role of the right temporo-parietal junction. Neuropsychologia, 43, 1391-1399. 透過 ERP 方法的研究請參考 Liu, D., Sabbagh, M., Gehring, W., & Wellman, H. (2004). Decoupling beliefs from reality in the brain: An ERP study of theory of mind. NeuroReport, 15, 991-995.

劉大衛（David Liu）、安德魯‧梅哲夫（Andy Meltzoff）和我曾進行了一項 ERP 的研究。我們發現，成人受測者推論錯誤信念時，活化的頭皮區域對應到內側前額葉皮質和右顳頂交界區。

以上這些研究，還有其他實驗都逐漸導向一個共識：成人運作心智理論的神經網絡確實存在，而且涵蓋多個腦區，前額葉皮質和顳頂交界區尤其是關鍵。

小孩的大腦

就算成人研究的成果很清楚——其實還尚未明朗，成人研究無法幫助我們了解兒童的大腦。因為大腦其實是伴隨著人成長發育；就和思考和推論的能力一樣，都是逐漸發展出來的。很有可能，成人的研究顯示了大腦有個心智理論的神經網絡；但兒童，尤其是幼兒的研究卻沒有呈現相同的結果。或者，兒童可能呈現出一個不同的心智理論網絡，畢竟兒童的大腦和心智理論兩者的發展同時進行。因此，我們必須研究兒童的神經認知功能，特別是二到六、七歲的兒童，因為這段時間心智理論開始變化。這樣的研究才剛起步。目前，我們知道三件事：

1. 成人心智理論運作時會活化的腦區，在兒童身上也會活化。大衛、安德魯和我重複了前述的 ERP 實驗，將受測對象改為四到六歲的兒童。進行錯誤信念測驗時，幾乎都答對的大小孩腦區活化的部位和成人很類似。兒童的腦區要花比較久的時間才活化（超過 1 秒，成人只要 0.75 秒），但活化的部位也大致對應到內側前額葉皮質和右顳頂交界區。也就是說，成人運作心智理論的關鍵神經區——前額葉皮質和顳頂交界區——在兒童進行社會認知推理時，也會活化。

2. 然而，研究也開始呈現成人和兒童巨大的差異。負責運作心智理論的腦區會隨著成長而改變。年紀比較小的時候，活化的腦區範圍比較大也比較分散，但長大後就有所改變。舉例來說，在我們的 ERP 研究中，和比較大的兒童相比，四歲兒童推理錯誤信念時，頭前部活化的範圍比較大，且頭兩側（大致對應左右顳頂交界區）都有活化反應。

由於 fMRI 不是很適合用在兒童身上，所以限制了學齡前兒童的研究。fMRI 會在頭部附近製造磁場，受測者得躺進長長的密閉管狀儀器中，被電磁鐵圍繞，就連成人都會產生幽閉恐懼症的不適感。此外，整個檢查過程非常吵，因為磁鐵會發出巨大的聲響。而且受測者必須一動也不動地躺

著，不然造影會很模糊，透露的資訊很少。你可能有類似的經驗：因為膝蓋受傷或疑似闌尾炎，醫生請你進行 MRI 檢查，協助診斷。學齡前兒童很少能適應上述狀況，所以儘管在他們這個年紀，心智理論正蓬勃發展，目前大部分的研究數據都來自 ERP。

就算讓大一點的小孩進行 fMRI 檢查也需要額外的保護措施、準備工作和檢查技巧。研究人員必須額外替小孩上課，讓他們習慣狹長的儀器；也必須事先讓他們在儀器外感受檢查時會聽到聲音，讓小孩有心理準備。研究人員也會鼓勵小孩的媽媽在場，小孩待在儀器裡時，媽媽能摸著小孩的腳。這些做法都有派上用場；目前學界針對大小孩的大腦進行 fMRI 研究有了重要的發現。

3. 兒童上小學之後，以及進入青春期時，運作心智理論的網路會產生變化。越長越大，心智理論活化的腦區逐漸變得不那麼分散，也變得更明確。特別是右顳頂交界區逐漸專門處理和信念有關的訊息。

許多研究顯示，幼兒推斷心理狀態時，內側前額葉皮質會活化，對應到左右顳頂交界區的腦區也會活化。不過隨著小孩逐漸長大，處理信念相關的訊息時，右顳頂交界區的活

化會增強，但內側前額葉皮質的活化會減弱；內側前額葉皮質反而變成負責推理整體的心理狀態。

　　儘管我們還沒完全了解這些隨著發育產生的改變，這些改變都是很寶貴的訊息，因為展現了神經變化。如果出生時，心智理論網絡就已經發展成熟，就不可能會有這樣的神經變化；如果心智理論網絡在嬰兒期時發展成熟，兒童之後的心智理論發展只是在運用這個網絡的話，這樣的神經變化也不可能發生。成長發育導致心智理論網絡的出現；這個網絡隨著成長發育也會發生根本的神經變化。

大腦的可塑性

　　神經科學指出，兒童運作心智理論的神經網絡中，有些活化的神經區域和成人的相同，但兒童的心智理論網絡會逐漸產生巨大的神經變化。未來研究的重要任務就是要在這樣的改變中，釐清哪些是發育因素作用的結果，哪些是經驗累積造成的轉變。

　　心理學家馬克・薩巴赫（Mark Sabbagh）曾協助我進行我首次的發展性神經科學研究，他解釋了現在神經研究的重點：「我們開始記錄相關的神經活動如何替心智理論發展『調整速度』。」以訓練賽馬來打比方。如果利用馬匹 A 替

馬匹 B 調整速度，可以讓馬匹 A 跑在前面定速度（在前面拉著馬 B）；也可以讓兩匹馬並排一起跑（步調和馬匹 B 一致）；或者也可以讓馬匹 A 緊跟的馬匹 B，推著馬匹 B 往前。只看成人研究成果的話，我們會很想假定，生理上的大腦發育是在前面「拉著」經驗與學習一起往前走。然而，同樣很有可能是經驗與學習跟在大腦發育後面，推著大腦發育往前走。

心智理論是極度仰賴經驗和學習發展出來的人類成就。因為大腦具有可塑性，經驗和學習也形塑了大腦的結構和功能。我們會體驗新事物、學到新知識，例如學數學、廣泛閱讀、結交新朋友——與此同時，我們的大腦會隨之產生變化。

發展性神經科學（developmental neuroscience）透過很多方式強調，大腦的發展仰賴經驗，而且大腦的可塑性很高。心智理論的發展也同樣仰賴經驗的累積。各式各樣的社會、認知經驗能形塑心智理論和大腦的發展。貫穿整個兒童期，心智理論的理解和心智理論的神經網絡持續一起發展，一步步變化。沒有什麼大腦解釋一切現象這種事。我們不能斷言「鏡像神經元一活化，我們就自動會讀心」，我們也不能肯定「大腦發展成熟了，就出現心智理論」。判讀心理狀態是學來的，社會腦也是學習的產物。

第十二章

哈囉！機器人

八歲的葛洛莉亞有個機器人小機當她的保姆。小機會保護她、跟她玩，也確保她受到良好的照顧。葛洛莉亞的父親喬治・威斯頓是個機器人工程師，兩年前把小機帶回家來。他表示，小機被設計得很忠誠、善良、又有愛心。

兩年下來，葛洛莉亞和小機變得形影不離。她替他辯護、跟他說故事、握著他金屬製成的手，並且也跟他分享祕密、跟他一起掉淚。葛洛莉亞相信，小機和人類一樣，有喜好和感受；比起其他人，她只想跟小機一起玩。她愛上小機了。

然而，葛洛莉亞的媽媽葛麗絲非常擔憂。「關於葛洛莉亞和那可怕的機器，喬治，你聽我說。我不會將我女兒託付給一台機器，我也不管它到底多聰明。它沒有靈魂，而且沒人知道它可能在想什麼。」媽媽也表示，葛洛莉亞無法從「一台破銅爛鐵」身上學到和人類互動的社交技巧。因此，小機被送回工廠裡了。

這是〈小機〉（Robbie）的情節，〈小機〉為科幻大師

以撒・艾西莫夫（Isaac Asimov）的短篇小說集《我，機器人》（*I, Robot*）[1] 第一篇故事。根據美國雜誌《星期六晚間郵報》（*The Saturday Evening Post*）的評論，《我，機器人》這部作品「徹底改變了科幻小說，讓機器人比以前有趣太多了」。這部作品於 1950 年問世，當時人形機器人還不存在。至今，人形機器人隨處可見：在賣場、旅館、工廠生產線、醫院、學校和研究實驗室裡都看得到他們的身影。美國 2017 年國家機器人計畫（National Robotics Initiative）預測，未來機器人將會更普及，「和現在的汽車、電腦和手機一樣普遍，機器人會在天上飛、在地上走、在水裡游，在太空漫遊。」[2] 不過，就如艾西莫夫所預料，有些機器人一定讓大人感到不安。

恐怖谷理論

幾十年的研究顯示，隨著機器人越來越像人類，大人也

---

1. 本書的短篇故事一開始於 1940 年代的科幻小說雜誌上刊登，後來集結成短篇小說集出版。

2. 美國國家機器人計畫由美國國家科學基金會（National Science Foundation）主導，資助機器人的相關研究，這些研究旨在「加速發展和應用能協助人類或和人類合作的機器人」。本章引文出自 2017 年的計畫報告〈國家機器人計畫 2.0：無所不在的協作機器人（NRI-2.0）〉（*The National Robotics Initiative 2.0: Ubiquitous Collaborative Robots (NRI-2.0)*）。

越來越喜歡機器人——只能像到某種程度。[3] 一旦機器人變得太像人類，人們就會覺得毛骨悚然，產生反感，不管是長得太像，還是聲音、情緒，甚至想法太像。這樣喜好程度急劇下降稱為「恐怖谷」（uncanny valley）理論。圖 12.1 的兩個機器人就讓很多大人覺得很詭異或恐怖。

你過去在電影、廣告和 YouTube 上看到或聽到機器人時，可能也有過這種恐怖的感受。電影《雲端情人》（Her）中，瓦昆菲尼克斯（Joaquin Phoenix）飾演的男主角西奧多是專業的信件寫手，電影中他向人工智慧虛擬人物莎曼珊尋求幫助，莎曼珊開始和他聊天。莎曼珊有聲音、想法，和感覺，壓抑、寂寞的西奧多忍不住愛上了她。而且，莎曼珊好像也回應了他的感情。雖然莎曼珊沒有實體，但觀眾聽她的聲音、情緒都感覺她完全是個真人，很多人因此覺得不安又詭異。這就是掉到恐怖谷裡了。

另一部電影《充氣娃娃之戀》（Lars and the Real Girl）則相反。拉爾住在以務農為主的偏遠社區，那裡沒有和他年紀相仿的未婚女性，而他的女朋友是個真人大小的情趣充氣人

---

3. 這個觀念最初是由機器人專家提出，認為機器人如果行為或長相和人類過於相似，不安恐懼的感覺就會竄出並急遽升高。請見 MacDorman, K. & Ishiguro, H. (2006). The uncanny advantage of using androids in cognitive and social science research. Interaction Studies, 7, 297-337. 心理學家之後針對成人進行研究，證實了這項理論，請參考 Gray, K., & Wegner, D. M. (2012). Feeling robots and human zombies: Mind perception and the uncanny valley. Cognition, 125, 125-130.

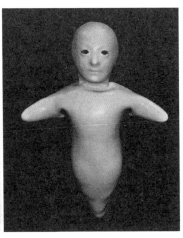

圖 12.1　根據實證研究，左邊是像小孩的社交機器人 Kaspar，右邊為居家照護機器人 Telenoid。兩者神似人的特質都讓大人感到緊張不安又可怕。
圖片出處：左邊來自赫特福德郡大學（University of Hertfordshire）；右邊來自大阪大學及國際電氣通信基礎技術研究所（ATR）的智慧機器人科學研究所（ATR Intelligent Robotics and Communication Laboratories），https://www.roboticstoday.com/ institutions/u-of-hertfordshire。

偶。儘管她沒有想法、情緒，也不能說話，拉爾還是帶她去到公共場合、參加聚會，介紹她給朋友認識，而且似乎也一起生活。觀眾則認為這部片「非常迷人」、「感動人心」而且「是一部深信人類單純善意的作品」。我們能接受拉爾的女朋友（電影中拉爾的朋友也能接受），因為她雖然擁有一些人類特徵，但卻沒有太像人。

　　有些科學家認為，因為人類在演化的過程中，發展出了對疾病的恐懼感，而這些機器人看起來或聽起來很像生病的人，所以我們才會感到毛骨悚然。有其他人主張，神似人類

的機器人讓我們覺得他們會思考、感受，而身為大人的我們不認為機器應該會這些行為。他們看起來、聽起來，或做起事來讓人覺得他們好像可以思考、感受時，我們就會感到不安。

艾西莫夫筆下的葛麗絲·威斯頓預示了對機器人的不安，十幾年後科學家才發現這樣的憂慮。至於葛洛莉亞對小機的愛，艾西莫夫的刻畫也一樣精準嗎？

毛骨悚然之感是怎麼竄出來的？

這十多年來，主打會和小孩玩、會教小孩的機器人充斥著市場，圖 12.2 呈現了最近五個新上市的機器人。

然而，沒有研究顯示這些機器人是否做得到廠商宣傳的那些功能。我和同事金柏莉·布林克（Kimberly Brink）想知道，這些以小孩為服務對象的機器人身上，有哪些特質吸引小孩或引起他們的反感；以及哪些功能對小孩來說行得通或行不通。[4] 兩年下來，我們訪談了將近 250 位兒童，年齡橫跨三歲到十八歲。我們詢問他們對三種機器人的看法和感覺，三種機器人分別是：神似人類的機器人（圖 12.3 左

讀心：我們因此理解或誤判他人意圖的心智理論

4. 請 見 Kimberly Brink, K., Gray, K., & Wellman, H. (2019). Creepiness creeps in: Uncanny valley feelings are acquired in childhood. *Child Development*, 90, 1202-1214. doi:10.1111/cdev.12999

側）、和機器一樣的機器人（圖 12.3 右側），以及 NAO 機器人（圖 12.2 上排左側）。

我們發現，和大人相反，九歲以下的小孩就和葛洛莉亞一樣，一點都不覺得神似人類的機器人很恐怖。（而且他們很喜歡 NAO。）這個結果意味著，大人會覺得恐怖，應該

圖 12.2 上排左側為 NAO 機器人，上右側是 Robovie 機器人；下排左起依序為 iPal 機器人、Jibo 機器人，和 Zenbo 機器人。這些機器人的特色和行為都設計來和小孩互動。

圖片出處：上排左側的 NAO 來自軟銀機器人公司（SoftBank Robotics）；右側的 Robovie 出自 V stone 與 ATR。下排左至右，依序出自南京阿凡達機器人科技公司（Nanjing AvatarMind Robot Technology）、Jibo 公司（Jibo, Inc.），及華碩電腦公司（Asus）。

圖 12.3 左側為神似人類的機器人，右側則是和機器沒兩樣的機器人（呈現的是背面，讓受訪兒童能看到機器人的機械裝置）。受訪兒童也有觀看兩個機器人左右兩側轉頭的影片。
圖片來自 K. A. Brink, K. Gray, & H. M. Wellman, Creepiness creeps in: Uncanny valley feelings are acquired in childhood. *Child Development*, 90, 1202–1214, 2017.[Epub ahead of print] doi:10.1111/ cdev.12999.

不是因為這些機器人喚起了我們演化而來、對人類病患的厭惡。如果這種說法為真，那麼即便小孩都會感到害怕。

然而，大概九歲開始，小孩對機器人的反應就不同了。從那之後，恐怖谷理論出現了。比起和機器沒兩樣的機器人，小孩覺得神似人類的機器人更加恐怖。

這樣的轉變是因為小孩對心智和機器的看法改變了。心智／機器是什麼、心智／機器能做什麼，小孩都有了不同的認識。年齡和葛洛莉亞相仿的小孩很樂意相信機器人看得到、聽得到、能思考、能玩遊戲，也能哭。他們比較喜歡能做到這些事的機器人，因為感到熟悉又安心，而且這樣的機器人能做他們的朋友，也能保護他們。對年紀較小的兒童來說，機器人具備越多心智能力越好。相反的，機器人擁有越

多心智能力，尤其能產生和人類相似的感覺和想法，對年紀較長的兒童和大人來說，就越覺得可怕不安。

九到十歲的時候，究竟是什麼不一樣了呢？最可能的解釋是，小孩開始理解、區分心智、大腦和身體三者。就如我在第八章所述，小孩此時開始認為心智比較偏向心靈、心理性質的東西，而生物的大腦是身體的一部份，承載著心智。像機器人等機器並沒有生命，所以不應該承載人類的心智，如果這些幾器好像具備人類的心智時，恐怖谷理論就適用。

〈小機〉開始於葛洛莉亞剛滿八歲之際，由她的個性和反應驅動整個故事的發展，艾西莫夫可說是有先見之明。雖然〈小機〉是虛構的短篇小說，但不全然脫離現實。

哈囉！機器人。

以機器人為師

吉姆和凱瑞・凱莉夫婦住在美國中西部鄉下的小鎮裡。他們有兩個兒子，五歲的班和十二歲的雷恩，兩人都就讀當地的公立學校。他們的學區總是師資短缺，鄰鎮遠在六十四公里之外，付給老師的薪水又低；而且，在美國，就算是最好的學區要找老師任教也不容易。過去十年來，全美國

師資培訓課程註冊人數都減少，50%的新進教師五年內就會離開教職。所有情況對歡樂谷小鎮都很不利。

今年，這個學區的師資嚴重短缺，每班人數將會大增，而且能付給助教的錢有限，無法有效減輕教學負擔，這樣的情況進一步讓教師打消應徵的念頭。為此，學區的教育委員會考慮錄取資格不夠的老師，但家長很不滿，群起抗議，搞得老師和校長壓力都很大。某次教育委員會的會議上，情況已經糟到極點，會議持續至半夜，大家互相叫罵威嚇、沮喪又憤怒。但事關重大，絕對不能放棄，因為小孩的未來岌岌可危。

一週後，學區的督學想到可能的解決辦法了。州政府有經費讓各個教育委員會在合適的學區應用科技輔助教學，而歡樂谷所屬的學區符合條件，能有經費添購機器人，在教室服務學生。機器人能分擔部分的教學工作，增進教學品質，解決大班人數過多的問題。

這個辦法在十年前絕不可行。沒有靈魂的機器來教育我們的小孩？開玩笑。然而，辦法很少，而且督學有找到其他學校成功應用的案例。他的辦法說服了大家，教育委員會也意外地同意他的做法。接下來的秋季學期，和學區全部的小孩一樣，凱莉兩個小孩的班上都有一個機器人。

半年後，教育委員會檢視這項決策的成果。對六歲的班

就讀的班級來說，成果卓越。小孩學得很快——從機器人身上和人類教師身上學習速度幾乎一樣快；而且這些小孩很喜歡和機器人互動。老師能做的事情更多，而且過程中壓力也減輕不少。大家都很開心。

然而，對十一歲雷恩就讀的班級來說，學生有完全不同的體驗。雷恩班上的機器人和前述班級的機器人完全一樣——都非常像人。到了一月時，雷恩班上的同學都討厭這個機器人，對它罵髒話、拳打腳踢，遑論能從這個機器人身上學到多少。這個機器人被冷落在角落，老師和學生都不屑一顧。

和艾西莫夫的作品一樣，前述的情境也是虛構出來的，但同樣反應現實。美國很多學區都苦於師資短缺，機器人因此進駐教室裡。在韓國有機器人教師 Robosem 教小孩英文；而美國則有 RUBI 教小孩芬蘭語。包括機器人 NAO，像小孩的機器人透過模仿遊戲、輪流做事情、對話，協助自閉症兒童練習人際互動。針對腦性麻痺等患有運動障礙的小孩，大型機器熊 Ursus 能替進行物理治療。

值得信賴的說詞

機器人當老師其實不無道理。兒童大部分的知識都是從他人身上學來的，像是家長、老師和同儕。兒童會相信

8×8=64、地球是圓的、恐龍已滅絕，並不是因為他們自己發現了這些真相，而是因為可靠的來源這麼告訴他。研究顯示，兒童會篩選、判讀在人際互動過程中獲得的資訊，從中學到基本知識，而不是照單全收很好騙，這個現象稱為「選擇性信任」（trust in testimony）。

然而，兒童會相信機器人提供的訊息嗎？如果機器人的舉止、反應或甚至長相酷似人類，會影響兒童的信任程度嗎？如果兒童能向機器人學習，學習的方式與向人類教師學習的方式相同嗎？這些都是很棒的問題。

研究顯示，學齡前兒童向他人學習時，兒童會注意訊息提供者的知識、專業、和可信程度，也會記得那個人之前是否提供過正確的訊息。兒童也會注意訊息提供者如何獲得訊息：她有親眼看到她跟我說的這件事情嗎？並重視消息提供者的條件如何：他是有學問的大人還是天真的小孩？此外，他們也會留意對方說話時的態度是有把握還是不確定：她說的是她知道的事，還是她認為的事？

然而，對兒童是否能向機器人學習，又如何學習，我們意外地所知甚少。由於機器人是機器，兒童可能會認為機器人絕對可靠，和計算機、電子辭典一樣不會出錯。如果是這樣，兒童可能會接受機器人提供的任何資訊，而不去考慮資訊是否正確。另一方面，兒童也可能認為機器人是容易出錯

圖 12.4 這是我們第一個研究的錄影靜止畫面，本次研究調查小孩是否能適切地信任（或懷疑）社交機器人的說詞。左側 NAO 機器人是白色機體、橘色花紋；左邊的則是白色機體、紫色條紋。

的機器，就像烤麵包機會烤焦吐司，人工智慧助理 Siri 會講出錯誤甚至古怪的答案，或者像鬧鐘在半夜突然就不走了。如果是這樣，小孩可能會抗拒機器人教學。

針對這些問題，金柏莉和我也進行了研究。[5] 首先，我們研究的對象鎖定三歲小孩。標準的選擇性信任研究顯示，小孩三歲時已能明智謹慎地向人類教師學習，也能從他們身上學到很多東西。圖 12.4 呈現我們本次研究進行的配置。

第一階段的研究中，金柏莉在小孩面前，請兩個顏色相

5. 我們的研究請見 Brink, K., & Wellman, H. Robot teachers for children? Young children trust robots depending on their perceived accuracy and agency. Manuscript submitted for publication.

異的 NAO 機器人說出四件物品的名稱，這些都是小孩熟悉的東西，例如泰迪熊布偶或皮球。兩個機器人會注視並指向物件，說出物件的名稱。其中一個機器人會正確說出四個物件的名稱；另一個機器人則都會說錯，舉例來說，把泰迪熊叫成樹。接著，金柏莉會問小孩「準確度」的問題：哪個機器人不是很會回答問題？

回答完後，金柏莉再拿出四件不一樣且小孩不熟悉的東西（例如，我們準備了壓蒜器），並請小孩回答，自己會想請教哪個機器人這四件新東西的名稱，這屬於「請教」的問題。

隨後，兩個機器人分別說出物件的名稱，但講得都是亂編的錯誤名稱，名稱之間也不重複。例如，一個機器人會指著壓蒜器說：「這是摩地。」另一個則回答：「這是多瑪。」金柏莉隨後就問小孩，自己覺得哪個才是物品真正的名稱，是摩地還是多瑪？這就是「認可」的問題，想知道小孩信任或懷疑兩個機器人提供的資訊。

針對「準確度」問題，這些學齡前兒童真的有留意哪個機器人正確、哪個不正確。此外，他們相信正確的機器人所說的話。至於「請教」問題，小孩一面倒地表示，他們想問正確的機器人新物件的名稱。到了「認可」問題，小孩也一面倒地回答，正確的機器人提供的名稱是對的，也如實學會

這些新單字（儘管那是我們亂編的）。而且這些小孩向正確的機器人學習的速度，與向可靠的人類學習的速度一樣快。

我們也詢問小孩，他們對 NAO 機器人的心智有什麼看法。這些機器人能「思考」、「決定要做什麼事」或會「感到害怕」嗎？普遍來說，這些問題中至少會有一個問題，學齡前兒童的答案是肯定的。不過，有些小孩回答也會肯定所有的能力，覺得 NAO 機器人能為自己著想、決定要做什麼事，也會感到害怕。其他則表示 NAO 機器人只能做到其中一項或兩項。

至於要請教哪個機器人新物件的名稱，比起覺得機器人沒有那麼多心智能力的小孩，認為機器人有比較多心智能力的小孩（前述問題回答肯定居多者）比較可能請教正確的機器人，而不是請教錯誤的機器人。此外，認為機器人有較多心智能力的小孩也特別可能會去學正確的機器人提供的名稱。

小孩明顯能向機器人學習，也真的學到東西；他們也會適切地判斷該相信哪個機器人。

兒童發展與對機器人的看法

大部分兒童與機器人的研究中，單一研究大多都鎖定單

一年紀的兒童、安排同一款機器人，所以研究結果始終不是很全面。然而，如果我們大量搜集這些不同研究的數據，就能大概了解兒童發展的樣貌。[6]

小小孩如何向機器人學習

對三至六歲的小孩來說，互動式機器人的教學似乎更有效，單向提供訊息的機器人教學成效則沒那麼好。如果機器人只會提供資訊，這個年紀的小孩比較不會向它請教；反之，如果機器人能回應他們，小孩比較可能問問題並且認同這種機器人提供的訊息。學新單字時，學步兒更容易注意貌似人類的互動式機器人老師，而不是無生命的播放器。對四到六歲的日本小孩來說，如果機器人要求小孩將它視作隊友、和它互動，這樣的教法讓小孩表現得比較好。

如果機器人的聲音、外表和行為舉止神似人類的話，這個年紀的小孩從他們身上學習的效果最好。一項研究安排了機器人教小孩餐桌禮儀，說明餐具的功能與擺放的位置。由

6. 比起小小孩，幼兒比較可能向酷似人類的機器人學習：擺餐具的實驗請見 Okita, S. Y., Ng-Thow-Hing, V., & Sarvadevabhatla, R. (2009). Learning together: ASIMO developing an interactive learning partnership with children. Paper presented at the Robot and Human Interactive Communication, RO-MAN 2009 18th IEEE International Symposium. 至於 Robovie 機器人在學校和小孩互動的研究，請見 Kanda, T., Hirano, T., Eaton, D., & Ishiguro, H. (2004). Interactive robots as social partners and peer tutors for children: A field trial. *Human-Computer Interaction*, 19, 61-84.

聲音酷似人類的機器人教學，小孩在之後的測驗中表現得比較好，記得的內容比較多；相反的，由單調機械音的機器人教學，表現就沒那麼好。

此外，能表現情緒、說話和唱歌跳舞的互動式機器人來教英文，韓國的小小孩學得比較好；如果同樣教材換成無法互動的電腦或課本的話，成效就比較差。

至於年紀比較大的小孩呢？

小小孩 vs. 大小孩：兩者和機器人的關係

前面提到擺餐具的教學中，由聲音酷似人類的機器人來教，四到六歲的小孩進步神速，之後的表現和七到十歲的小孩一樣好。然而，七歲到十歲的小孩接受同樣的機器人、同樣的教法後，進步幅度很小；而且對他們來說，聲音是否酷似人類並沒有差別。

另一項實驗安排機器人與小小孩和大小孩進行課堂活動。其中一個機器人看起來具備心智能力，像是能記得小孩的名字，或者互動時會停下來思考。小小孩向這個機器人學習的效果比較好；和另一群學生互動的則是另一台機器人，同樣具備豐富的知識，但看起來並不具備心智能力，這一組小孩的學習成效就比較差。然而，看似具備心智能力的機器人卻沒有加強大小孩的學習效果。

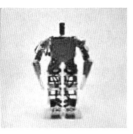

圖 12.5 不同形式的機械外觀機器人，左至右依序為：包括飛斯妥（Festo）公司製造的機器袋鼠 BionicKangaroo、索尼（Sony）公司製造的機器狗 AIBO ERS-7，以及 Vstone 公司仿人類體型的 Robovie Nano 機器人。
圖片出處，由左至右依序出自飛斯妥公司、索尼公司及 https://www.japantrendshop.com/robovie-nano-robot-kit-p-3945.htm。

　　一個日本研究安排 Robovie 機器人（請見圖 12.2）到日本小學課堂上和學生說英文，對象包括一年級生（六至七歲）和六年級生（十一至十二歲）。這台 Robovie 機器人會和人互動，表現出具備心智能力的行為，像是擁抱、握手、玩猜拳、唱歌、簡短對話，以及指著身邊的物品等等。比起小六生，小一生花很多時間和這個機器人互動。

　　我們的恐怖谷研究中，小小孩認為機器人擁有很多人類特質，覺得機器人應該有情緒，具備社交與感知能力，像是視覺和觸覺。這個發現也出現在其他研究中。三到五歲的小孩表示，像 AIBO 這樣的機器狗（圖 12.5）看得到，人替它搔癢也會有感覺，而且也能思考、感到開心。

　　你現在應該能猜到，隨著小孩長大，小孩漸漸不會認為機器人具備情緒和感知能力。八歲小孩表示，大約九十公分

高的社交機器人 Robovie 很聰明，有自己的興趣，並且能感受情緒起伏；十五歲的小孩就不會這麼想。

日本學者訪問小孩對機器人的看法時，小於七歲的兒童多用人類的詞彙形容，機器人是「他」或「她」，而不是「它」；且他們認為機器人有自主的行為和欲求。超過七歲以後，小孩描述機器人所用的代名詞和指稱不會動的人造機器一樣。

就像艾西莫夫筆下的葛洛莉亞，小小孩對待機器人的態度和對待寵物一樣，都一樣高興也毫不懼怕。我開始研究兒童和機器人的關係時，一位研究助理帶了她四歲大的兒子艾歷克斯到我的研究室看看，艾歷克斯看到了兩項研究的部分過程。一個實驗室裡，我們安排了一隻友善乖巧的狗費歐娜和小朋友互動；另一間實驗室裡，我們則安排 NAO 機器人。

艾歷克斯馬上就被費歐娜吸引，大膽靠近，並撫摸這隻狗。令人訝異的是，他對 NAO 機器人有類似的反應。NAO 機器人眼睛亮起來、看著他的臉並記起他的名字時，艾歷克斯覺得很有趣，並開始跟機器人互動。

根據我們的恐怖谷研究，隨著年齡漸長，小孩開始覺得機器人比較像機械裝置，而不像人。大一點的小孩認為，機器人只具備某種形式的思考、決策能力，但不相信機器人能被搔癢或感到害怕，大人也不這麼認為。

小孩對機器人的感受

在恐怖谷理論的不安和害怕出現之前，機器人給小孩很大的幫助。小小孩向研究人員表示，如果自己一個人待在家，有像機器狗 AIBO 這種家用的機器人陪著，能讓他們覺得安全無虞。其他小小孩也說，即便完全機械外觀的機器人（像圖 12.5 的機器人）都能成為他們的朋友，可以安心地分享秘密。前面有提過，三到九歲的小孩認為，Robovie 機器人有自己的興趣和情緒；這些小孩也認為，Robovie 機器人能當他們的朋友，而且如果傷心難過時，Robovie 也會安慰他們。到醫院打針時，活潑的 NAO 機器人能安撫極度焦慮的小孩，人類護士則無法達到同樣的效果。

這些小小孩和艾西莫夫描繪的葛洛莉亞一樣，很容易對機器人產生正面的感受，但大小孩和大人則相反，很容易產生負面的感受。

適用機器人的倫理道德？

以撒・艾西莫夫的作品《我，機器人》主要探討機器人倫理：機器人要如何和人類互動，不論好壞。書中大部分的故事都圍繞著蘇珊・凱文博士針對機器人所做的努力，她在美國機器人公司擔任首席機器人專家；小說虛構出來的美國

機器人公司是世界主要的高階機器人生產者。蘇珊·凱文博士擔心高階機器人會做出反常行為，因此她開發了一個新領域「機器人心理學」（robopsychology），希望能了解機器人的「正子腦」（positornic brain，也就是電子腦）[7]。

此外，所有由美國機器人公司製造的機器人都必須寫入「機器人三大法則」的程式：

一、機器人不得傷害人類，或坐視人類受到傷害而袖手旁觀。

二、機器人必須服從人類的命令，除非人類的命令違背了第一法則。

三、在不違背第一及第二法則的情況下，機器人必須保護自己。

然而，在艾西莫夫的故事裡，機器人的原型和產品出現瑕疵，造成機器人自我毀滅、傷害人類，而且在一個重大的案件中殺死了一名男性。

《我，機器人》裡的故事激發出很多後續故事、評論和其他領域的創作。2004 年〈辛普森家庭〉（*The Simpsons*）就

---

7. 譯註：正子腦是艾西莫夫虛構的機器人中央處理單器，能提供人類可識別的意識形式。

有一集出現了一個擂台競技機器人，叫做史邁司・克萊。史邁司因為受了艾西莫夫機器人三大法則的限制，導致弄巧成拙，在擂台上輸給人類。

二十世紀福斯影業 2004 年推出了電影《機械公敵》（*I, Robot*），威爾・史密斯（Will Smith）飾演 2035 年芝加哥警察局的警探戴爾・史普納。戴爾追查機器人專家阿佛列・蘭寧博士的謀殺案，兇手可能是機器人。這部電影就把艾西莫夫的機器人三大法則放到劇情裡。

目前，像 NAO、Robovie、Kaspar 這類機器人並沒有寫入和道德相關的程式；不過話又說回來，這些機器人至今也沒有類似正子腦的智力和意識。相對的，我們也沒有法律或行為準則規範我們該怎麼對待機器人。舉例來說，酷似人類的機器人應該要有權利嗎？2017 年 11 月，沙烏地阿拉伯讓機器人蘇菲亞（Sophia）成為該國公民，享有公民權；圖 12.6 左側的機器人就是蘇菲亞。這件事掀起針對沙烏地阿拉伯女性權利的論戰。舉例來說，當地女性在公共場合時，必須用面紗遮住自己的臉，但蘇菲亞和公共場合和電視上都沒有矇面紗。

學者、機器人工程師、家長和老師都越來越擔心和機器

兩個酷似人類的機器人和一位真人

圖 12.6 兩個酷似人類的機器人和一位真人。左至右依序為：取得沙烏地阿拉伯公民權的蘇菲亞、日本機器人 Actroid、真人。
圖片出處，有左至右依序來自：Hanson Robotics.com、Kokoro Company Ltd.、布林克博士的照片。

人互動會助長反社會行為。[8] 有個機器人透過搭便車[9] 的方式成功到加拿大、德國、尼德蘭旅行，沿途拍照、和其他旅人聊天。但這個機器人抵達美國幾週後，慘遭人類蓄意破壞損毀。有一台賣場設置的保全機器人，原本是為了提供顧客賣場資訊，卻一再遭到無人管束的小孩虐待，他們用力推、大力踹這台機器人。此外，也不難想像「後人類」時代，機器人將取代很多人類的工作，因此受到被取代者的攻擊或破壞；這也已經是科幻小說、電影的題材。除了虛構作品之

8. 搭便車機器人被蓄意破壞可參考《紐約時報》的文章〈搭便車機器人在好幾個國家旅遊都沒事，卻在費城喪命〉。Victor, D. (2015, August 3). Hitchhiking robot, safe in several countries, meets its end in Philadelphia. *The New York Times.* 小孩虐待機器人的研究請見：Nomura, T., Kanda, T., Kidokoro, H., Suehiro, Y., & Yamada, S. (2017). Why do children abuse robots? *Interaction Studies*, 17, 347-369.

9. 譯註：有個加拿大團隊製造了機器人 HitchBOT，用來記錄和了解人類會如何跟機器人互動。它無法自己走路，全靠人類的善意帶著它旅行。

外，《紐約時報》最近也刊登了一篇文章，講得是如何培養小孩具備不受機器人影響的競爭力。[10]

實證研究指出，透過改善機器人的性能，能多少降低針對機器人的反社會行為。[11]《紐約時報》的文章提到，有團隊改善了一台機器人的設計，這台機器人被傷害或小孩的動作太粗暴時，它會開始哭，而幼稚園小孩因此轉而擁抱這台機器人，安慰它也保護它。目前至少有一項研究顯示，小小孩再和機器人對話、玩耍十五分鐘後表示，機器人應該要被合理對待，也不應該受到精神上的傷害。

迎向未來

一年一年過去，機器人在我們的生活、我們小孩的生活中所佔的分量越來越大。請再看一看圖 12.2 這些像皮克斯動畫角色的機器人，他們都是短短這幾年內發明出來的。這

10. 請見《紐約時報》文章〈機器人會搶走我們小孩的工作嗎？〉。Williams, A. (2017, December 11). Will robots take our children's jobs? *New York Times*.

11. 學齡前兒童保護、安慰機器人一事，請見《紐約時報》的文章〈學生們，來見見新老師：機器人先生〉。Carey, B., & Markoff, J. (2010, July 10). Students, meet your new teacher, Mr. Robot. *The New York Times*. Retrieved from http://nyti.ms/1H9yiEN. 小孩主張機器人應該要受到公平對待且不該受傷害的研究請參考 Kahn, P. H., Kanda, T., Ishiguro, H., Freier, N. G., Severson, R. L., Gill, B. T., Shen, S. (2012). "Robovie, you'll have to go into the closet now": Children's social and moral relationships with a humanoid robot. *Developmental Psychology, 48*, 303-314.

些機器人被設計來玩遊戲、回答問題、讀故事，甚至照顧沒人陪伴的小孩。現今的研究指出，機器人具備這些功能對小小孩都很有幫助，但對大小孩的成效就沒那麼好。由於機器人能為小孩做的事不斷擴展，我們需要能持續進行、不斷延伸的研究計畫，才能更了解不同年齡的小孩與機器人的互動。

我們也需要深入研究小孩向機器人學習的狀況，並且仔細檢視小孩對機器人的感受、小孩對待機器人的方式，以及兩者的互動如何影響小孩社會能力及倫理道德的發展，以及與他人的互動。

這些研究都無法一蹴可幾，無法一次就做到位，也不可能馬上獲得解答未來所有問題的答案。我們必須探索未來的小孩如何看待機器人、如何與機器人相處，因為這些孩子成長的過程中，可能總是都有機器人相伴。美國經濟大蕭條出生的小孩，和第二次世界大戰及 1950 年代出生的小孩，長大後具備的觀點想法不可能相同；同樣地，現在的小孩和現在的大人看待機器人的方式可能也很不一樣，因為兩者的人生經驗有著巨大的差異。

不難想像，或許有一天恐怖谷理論不再適用。隨著酷似人類的機器人越來越普遍，年紀較長的兒童與大人可能會漸漸認為，雖然機器人是機械裝置，但也可以看起來神似人

類，並且真的具備心智能力，能包納很多類似人類的經驗。有朝一日，就連極度神似人類的機器人也可能讓人習以為常、熟悉親近——也可能不會成真；這仍有待觀察。同樣地，我們與機器人越來越緊密的關係未來會如何影響我們的心智理論、如何影響心智理論的發展，這也有待觀察。讓我們拭目以待。

第十三章

心智理論的影響

心智理論的影響無所不在。心智理論是每個人世界觀的基礎，因此不論對錯、不管運用在自己或他人身上，心智理論都會影響我們的思考、我們的制度習慣，以及我們最根本的信仰。

心智理論對法律的影響

1960 年 3 月 22 日，美國堪薩斯州花園市芬尼郡的法院裡，一樁謀殺案首次開庭。兩名男性涉嫌入室行竊並殺害一家四口，死者為當地一位農夫、他太太及兩個小孩，被告行竊後各分得二十五美元。這場審判只持續了七天，陪審團僅花了四十五分鐘討論就做出有罪的判決，兩名男子一級謀殺罪成立，判處死刑；當時的一級謀殺罪一定會判死刑。

這兩名兇手，理查・希科克和貝利・史密斯才剛從堪薩斯州監獄假釋出來不久。受害者為赫伯・克拉特、他太太邦妮、十五歲的女兒南西，及十四歲的凱尼恩。謀殺案發生於

1959 年 11 月 15 日星期天早上，案發現場就在克拉特農舍家中。

案發後，希科克和史密斯很快就被逮捕，因為希科克的前獄友弗羅德・韋伯向典獄長舉發了他們。韋伯曾在克拉特的農場做工，他說希科克計畫洗劫克拉特家並「不留下任何目擊者」。掌握這條消息，警方六週後就在拉斯維加斯逮到了希科克和史密斯；他們坦承犯案，並被帶回堪薩斯州受審。兩人的計畫其實始於一個錯誤信念：希科克認為克拉特家保險箱藏有一萬美元，但其實沒有。

這樁審判就這麼定讞了，堪薩斯州之外很少有人知道這起謀殺案，而且兩人也等了五年，才於 1965 年 4 月 14 日被處以絞刑。然而，幾個月後，希科克和史密斯卻聲名大噪，躋身美國二十世紀最有名的殺人犯之列，因為作家楚門・卡波提（Truman Capote）以這樁謀殺案為主題，於 1966 年出版了報導文學《冷血》（*In Cold Blood*）[1]。《冷血》可能是第一本以真實犯罪為題的作品；這本書一出版就轟動，至今是美國出版史上第二暢銷的真實犯罪作品，位居第一的則是美國檢查官文森・布格留希（Vincent Bugliosi）以曼

1.　Capote, T. (1996). *In cold blood: A true account of a multiple murder and its consequences.* New York, NY: Random House.

森兇殺案為主題撰寫的《曼森的末日預言》（*Helter Skelter*）[2]。《冷血》一書被改篇成電影，也成為電視迷你影集的藍本。

在猶太教與基督教傳統中，上帝交給摩西刻有十誡的石板上，其中一條就是「汝不可殺人」；《可蘭經》也表明謀殺是罪過。幾乎所有道德與法律系統都禁止謀殺。同時，不管基於道德考量或法學者的主張，都認 罪犯應該為自己的罪行受到懲罰，但懲罰必須符合比例原則。殺人則牽涉到不同層次，各有分別。

針對謀殺的法律制度，美國、加拿大、澳洲、紐西蘭依循英國的普通法系（common law），認為一個人要為一項罪行負起責任，必須符合「*actus reus non facit reum nisi mens sit rea*」。這是一段拉丁文，意思是「無犯意則無犯罪」。罪責不僅依據實際行為（某人死於某人手中），更關鍵地，還要根據行為者與事件相關的心理狀態（兇手是否有行兇的意圖）。Actus reus（犯罪行為）需要 mensrea（犯意）才成立。

希科克和史密斯以一級謀殺罪處以絞刑。希科克坐牢時就計畫行竊，而計畫包括不留活口。以最基本的「思考－欲求」心智理論來說就是：希科克採取行動，他認為這麼做就

2.　譯註：〈Helter Skelter〉是一首披頭四的歌，英文原意指得是慌張混亂，後來衍伸成為遊樂園的螺旋形溜滑梯設施，披頭四以此比喻求愛過程；但查爾斯·曼森（Charles Manson）卻超譯這首歌的意思，將之詮釋為種族戰爭的末日預言。

能得到他想要的東西。「犯意」本身就充滿了「思考－欲求」的心理機制。

大部分國家將殺人罪先區分成預謀殺人和非預謀殺人，各別再分成好幾個類別。由於美國各州刑法相當混亂、各自差異極大，為了協助州政府系統化，1962 年美國法律協會公布了《模範刑法典》。[3]

《模範刑法典》將罪責區分成好幾個層次，全都依據犯罪者的心理狀態。條件最嚴格、最嚴重的罪行牽涉到謀殺是否「蓄意」為之，也就是犯罪者存心要致對方於死地。法官根據三位醫生的證詞，裁定史密斯和希科克的心智與精神狀況正常：他們知道自己在做什麼，也知道自己的行為並不合法，但還是執意動手，因為他們想要不留活口。這也是「思考－欲求」的心理機制。

《模範刑法典》也定義了蓄意程度較低的罪行，例如「知情」殺人（knowing homicide）：犯罪者可能沒有明確有意致死，但的確有意造成一定程度的傷害，這樣的傷害明顯可能會致死。舉例來說，約翰有意將珍打到不省人事，而珍因為慘遭痛毆而死亡。輕率過失殺人（Reckless

---

3. 《模範刑法典》（Model Penal Code，MPC）協助美國各州的立法機關修正各州刑法，僅作為參考諮詢使用，並不具法律效力。1981 年最後一次更新。美國大部分的州都採用部分的程序和定義，而不是全部。

homicide）蓄意程度再低一點：犯罪者明知自己的行為很容易造成他人死亡，仍輕率實行。例如，約翰向群眾開槍，儘管他無意殺害任何人，但還是造成他人死亡。意外殺人（Accidental homicide）則是蓄意程度最低的殺人行為：沒有意圖致死的情況下造成他人死亡。珍在速限內行駛，有人突然從她的車子前跑過，慘遭撞擊而死。

心智理論的思維讓我們的法律有這樣的分別。預謀（premeditation）、合理懷疑（reasonable doubt）、精神狀態（state of mind）等辭彙都有明確的法律意義，但由於這些詞彙都來自日常心理學，我們都能輕易了解其中的意涵。這些都是心智理論包含的概念。我們的道德推論也以犯意為基礎展開，也就是行為的意圖決定行為的好壞。如果你損毀了鄰居的花圃，不管怎麼發生的都很不幸，但只有在蓄意破壞的情況下，你才應該受到譴責。

想法如泡泡般湧現

還記得那些超級英雄——超人、鋼鐵人、神力女超人和金剛狼在漫畫書裡初登場的時刻嗎？他們透過對話框向讀者介紹自己。對話框的英文是 thought bubble，字面上的意思為「想法泡泡」。表面上看來，這個手法很不尋常——想法

用圖像的方式呈現。不過我們都能理解，因為此時心智理論發揮作用，讓可能很奇怪的手法變得很自然。

對成年讀者來說，閱讀這個行為似乎也再自然不過，但其實卻不一點也不自然。人類很容易就發展出口語能力，但閱讀能力卻得努力學習才能具備。印刷術能將稍縱即逝的聲音轉化成紙張上恆久存在的記號，要經過幾千年才被發明出來，而且只出現在少數幾個地區：中東、中國和中美洲。閱讀起初也讓很多小孩感到困惑茫然，而且要花上好幾年才能學會甚至精通。

傳統繪畫手法似乎比較普遍，但其實也得投注心力與訓練，經過世世代代的累積而形成。只要看一個文化怎麼在靜止的表面呈現動態行為就能明白這個道理；此外，不同文化、不同時期的呈現方式也各不相同。古埃及藝術描繪行走的人物時，人物的頭都會面對觀畫者，然而人物的臀部和腿部則會呈現不可能的 90 度歪斜，面向行進的方向；石器時代的洞窟壁畫運用特別（有時很奇怪）的姿勢描繪動物奔跑的樣子；古夏威夷人描繪衝浪也自有奇特之處。傳統藝術手法需要經過創造、詮釋，並且持續改進、完善。

漫畫家也發展出另一套繪畫技法。多條動作線從向前傾的角色背後以放射狀發散出來，表示角色正在奔跑；有符號從角色嘴巴冒出則代表聲音。有研究測試了小孩對漫畫技法

的理解情況，結果顯示，小孩要到六歲至九歲時，才能明白這些描繪動作或噪音的技法。

那麼超級英雄的對話框手法需要透過訓練和學習才能理解嗎？這樣的觀點好像很有可能。還記不記得，就算三歲小孩表示想法不是物質，看不見也摸不著，但對話框卻用清晰可見、有形的方式描寫想法——透過紙上的圖案。

此外，學齡前兒童的圖畫書裡很少出現對話框，反而要在閱讀年齡層較長的漫畫書上才會普遍看到。我和同事調查了兩百多本給學齡前兒童閱讀的圖畫書，圖畫書來自美國、西班牙、英國和日本；其中，不到3％的作品有出現對話框。這個現象表示，童書作者相信學齡前兒童需要學習才能理解這種技法，就像需要訓練才能閱讀文字。

但會不會是對話框的作用實在太明顯，連小孩都一目了然？不難想像，一旦學齡前兒童對心智有些認識，知道其中有想法和觀念，他們應該能明白心智的運作能透過圖像呈現出來。如果真的是這樣，這就是我們之前不知道的心智理論運作方式，而且從很小的時候就能這麼運作。

我們的研究[4]發現，三歲小孩幾乎馬上就能理解對話框

4. 請見 Dyer, J. R., Shatz, M. & Wellman, H. M. (2000). Young children's storybooks as a source of mental state information. *Cognitive Development*, 15, 17-37. 以及 Wellman, H. M., Hollander, M. & Schult, C. A. (1996). Young children's understanding of thought-bubbles and of thoughts. *Child Development*, 67, 768-788.

圖 13.1 對話框呈現小男孩在想著一台拖車。

的功能。我們給小孩看類似圖 13.1 的圖像，並指著對話框說道：「這個呈現了他現在在想什麼。」小孩接著就能輕易、準確地回答「他現在在想什麼？」等諸如此類的問題，他們會回答「拖車」，而不是「狗」，儘管兩者都同樣和男孩有關係。超過 85% 的三歲小孩從第一張圖開始就能正確回答，而且就算接下來的圖片我們都沒有任何說明，只是單純詢問小孩圖片中的人物在想什麼，小孩也都能答對。

　　小孩很快就能「讀懂」對話框。他們的理解還能更深入嗎？例如，明白對話框描述的是人物主觀的經驗感受嗎？可以。

我們給學齡前兒童看了兩個紙娃娃，一個是男孩，另一個是女孩，他們看著一個深色的盒子。把男孩翻到背面時，小孩可以看到上面畫著一個對話框，裡面有一個人偶；女孩背面的對話框裡則畫著一個泰迪熊。如果問：「這個男孩認為盒子裡有什麼？」這些小孩很輕鬆地就答對了（人偶），針對另一個問題：「這個女孩認為盒子裡有什麼？」也同樣答對（泰迪熊）；他們從對話框了解到男孩和女孩的想法並不一樣，就連 90% 的三歲小孩都能答對這些對話框的測驗問題。

三、四歲的小孩也能通過其他相關測驗。小孩表示，圖案呈現出大家看得到、摸得到的東西，而對話框呈現的是大家看不到、摸不到的東西，即便兩者都以圖像的方式顯現在紙上。和大人相同，小孩覺得對話框是個清楚簡單的手法，能描繪無形、主觀的想法，非常自然。

有些思考、學習的方式很自然、直覺又簡單；而有些則不自然、反直覺又困難。心智理論就在此時發揮作用，讓很多生活中意想不到的層面變得再自然不過，即便是不久前才創造出來的事物都能如此，對話框就是一例。

心智的謎團

謎團深深吸引著我們，這是從小就存在的事實。我們曾經做過一個實驗，研究人員給學齡前兒童看兩樣東西，如果這兩樣東西各放在一個特殊的盒子上面，就可能讓盒子亮起來。[5] 其中一個是藍色立方體，總是能點亮盒子（「這是啟動器。」）；另一個則是紅色角錐，總是無法點亮盒子（「這個毫無作用。」）

測驗時，研究人員一次拿出兩個盒子，接著將藍色立方體放到其中一個盒子上，同時也將紅色角錐放到另一個盒子上。結果兩樣東西都點亮各自的盒子。研究人員朝盒子的方向含糊地擺動手，問道：「為什麼會發生這種事？」

小孩的回答方式不只一種。他們可以選擇解釋比較簡單的現象，說明為何啟動器能點亮盒子，像是「因為那是啟動器」或「啟動器都有效」。或者，他們也可以選擇回答比較難的現象，說明為什麼毫無作用的角錐點亮了盒子。結果小孩一面倒地試著解釋為什麼角錐意外起作用了。這是一個難以理解的謎，而小孩的回答都試著要解開這個謎團，例如：「或許那個東西看起來毫無作用，但其實是個啟動器」、「你之前放上去時不夠用力，我相信如果你真的用力壓，毫無作

讀心：我們因此理解或誤判他人意圖的心智理論

5. 我們的研究請見 Legare, C., Gelman, S., & Wellman, H. (2010). Inconsistency with prior knowledge triggers children's causal explanatory reasoning. *Child Development*, 81, 929-944.

用的那個也會點亮盒子。」

電視和 podcast 的製作人都懂謎團的力量。成人最常看的節目類型排名第一是運動賽事，第二名就是犯罪與追查兇手的節目。到底是誰做的、為什麼做，這些問題當然和心智理論密切相關。

兒童觀眾也覺得謎團很吸引人，《妙妙狗》（Blue's Clues）就是很好的例子。這個兒童節目中，藍色卡通犬的妙妙狗會留下一連串的線索，讓人類史提夫或唐納文還有兒童觀眾一起找出答案。[6] 一般來說，每一集會有四到八個謎團。舉例來說，今天是妙妙狗的生日，史提夫會送她什麼禮物呢？妙妙狗不見了，有留下腳印；史提夫把妙妙狗的禮物放進盒子包好，但後來和一堆類似的盒子搞混了。線索越來越多時，史提夫也會問一兩個關鍵的問題，像是「妙妙狗喜歡什麼東西？」、「哪個盒子裝著我的禮物？」。接著他就會停下來等，停頓一陣子後，史提夫會提供一兩個提示。

每次停頓也讓小孩能叫出答案。一開始答不出來沒關心，可以晚一點再回答，因為同一集的《妙妙狗》一週內每天都會重播。剛開始時，小孩要搜集所有的提示，而且得看史提夫怎麼解開這些線索。一週快結束時，因為看了好幾

6. 可於 YouTube 觀賞其中一集《妙妙狗的生日派對》（Blue's Birthday Party），片長大約 12 分鐘。

遍，小孩就能在史提夫停頓的時候高興地叫出答案。《妙妙狗》每週都這樣公布謎團，接著追蹤線索解開謎團——一而再，再而三，不斷重複。

謎團繞著無知打轉，解開謎團就是將無知和猜測變成已知——這就是心智理論的思維。《妙妙狗》是以兒童心智理論的研究為基礎來設計，考量到小孩怎麼解讀一個人的意圖、想法、感受、錯誤、疏忽和不知情。《妙妙狗》也啟發了相關研究，探討這個節目作為學習教材的有效程度（非常有效）。

心智理論連結過去與現在

世界各地不同的冥想方式都鼓勵我們活在當下，培養充滿驚嘆與同理心的赤子之心，這很不容易做到，因為我們總是被各種憂慮、計畫和行程分散了注意力。要達到這樣的狀態需要投入時間和心力。幸好，心智理論幫得上忙的諸多方式中，赤子之心的思維就是其中一個。心智理論提供了現成的途徑，讓我們能領會到這最根本的喜悅和驚奇。

透過心智理論，現在的我們與孩提時代的自己能夠，也確實聯繫在一起。

心智理論和我們作對

大人能搞懂法律、小孩能明白對話框，而且大家都喜歡
謎團，這些都要歸功於心智理論的作用。毫無疑問，心智理
論絕對是生活中幫助我們思考、理解與認識的最強大利
器。然而，心智理論同樣會絆倒我們，讓我們走錯路、用錯
方法，即便在我們擅長的領域，都可能讓我們出錯。

不準確的情感預測

想像一下你中了樂透頭獎。你會感到開心還是難過？如
果情緒量表上 1 代表不開心，7 代表非常開心，你認為自己
開心的程度有多少？開獎當天你會有多開心？中獎六個月
後，你又會多開心？

很多人都能正確預測，認為自己會很開心，但總是高估
自己開心的程度。得知中獎的當天，他們都覺得自己會非常
開心；但這天之後，他們的準確度就下降了。真正的樂透贏
家開心的情緒很快就會消退。中獎後一個月時，他們沒有比
中獎前開心多少，而且有時候反而更不開心。很少人能預測
到這樣的變化。[7]

---

7. 關於情感預測研究的簡短回顧，請見 Wilson, T., & Gilbert, D. (2005). Affective
   forecasting: Knowing what to want. *Current Directions in Psychological Science*, 14,
   131-134.

預測未來的情緒感受稱為情感預測（affective forecasting），而不準確的情感預測一天到晚都在上演。不同年齡層的成人都高估自己分手後三個月傷心難過的程度。請大學教授試想，如果申請終身教職遭拒，幾年後的心情會如何？這些大學教授多認為自己會很失望難過，但其實沒有他們想像的糟。讓超想當媽媽的女性推測，如果得知沒成功懷孕，一週後自己會有多難過？這些人也都高估自己難過的程度。

　　我們要嘛高估，要嘛低估自己未來的感受。

　　為什麼呢？一個關鍵的原因來自我們一直很活躍的心智理論。心智理論總是不斷逼著我們解讀各式各樣和人有關的事情。不尋常的事情發生時，我們會花很多時間試著弄明白，例如：「我覺得我愛到無法自拔，但為什麼分手後感覺卻沒那麼糟？」「如果我中了樂透，我相信我一定會超級無敵開心，但為什麼卻沒有？」

　　透過心智理論，我們能推論出合理的解釋，像是：「那只是一時沖昏頭。」「頭獎金額其實沒有他們說的那麼高，國稅局會拿走好大一部份，而且幾年下來錢早就花光了。」搞清楚事情的原委，我們就讓這些不尋常的事變正常。一旦琢磨出答案，我們的反應就顯得必然又尋常，所以情緒反應就沒那麼強烈。但沒有人事前會預料到這件事。

情感預測失準反映了一件事：針對情緒、情緒產生的時機，我們一般的認知與詮釋有瑕疵、並不周全。儘管我們一天到晚都在感受各式各樣的情緒，我們對情緒卻一點也不在行。[8]

製造驚喜：禮物比心意重要

絞盡腦汁想出完美的驚喜禮物總能博得大篇幅的媒體報導。聖誕節、情人節和母親節廣告都告訴你，成功製造驚喜的效果與回報有多大。然而，其實我們都不是很擅長預測其他人想要什麼。費盡心思想要製造超大驚喜常常以失敗告終。有時候，你買的禮物對方根本不想要；就算你的禮物對方一開始超喜歡，這份禮物的吸引力也不持久，很快就會被冷落在布滿灰塵的櫥櫃、地下室或抽屜裡，從沒使用過。卡內基美隆大學（Carnegie Mellon University）的傑夫・加拉克（Jeff Galak）的研究已經證實了這件事，無庸置疑。[9]

8. 關於情緒，心智理論的思維有幾點建議。首先，心情好、感覺很棒時，不要潑自己冷水。好好享受，明白這些感覺不會持續非常久；同時，感覺很糟或心情很差時，也不要反應過度。時間久了你就會感覺好一點，花的時間也會比你預期得短。此外，也別小看一般的情緒，跑去追求更強烈、更令人陶醉的激情。最好能時常感到有點開心，而不是有時候極度開心而已，這是比較好的情緒起伏模式。所幸大部分成人都表示，他們時常感到有點開心。請好好享受這樣的快樂。

9. 傑夫・加拉克的研究和他的引言來自 Galak, J., Givi, J., & Williams, E. F. (2016). Why certain gifts are great to give but not to get: A framework for understanding errors in gift giving. *Current Directions in Psychological Science*, 25, 380-385.

幸好，有個簡單的補救辦法。「送禮者最好的辦法就是詢問收禮者到底想要什麼。」加拉克表示。「但問題在於，這是我們文化的禁忌。不知怎麼的，開口詢問對方想要什麼，會讓你這個送禮者看起來很不上心。但這根本不是事實。收到自己指定的禮物時，收禮者反而比較高興，因為那是他們真的想要的東西。」

我們送禮時會出狀況，因為我們雖然一天到晚在讀心，但還是很難完全掌握細節；解讀他人的欲求更是難上加難。你比其他人都更清楚自己想要什麼東西、會用到什麼東西，對其他人來說也是這麼一回事。一個接一個由加拉克和其他人進行的研究都顯示，最好就是開口問。準備對方指定的禮物能產生更深、更持久的快樂。就送開口問到的東西就對了！

簡單的知識對你有害

一般對學習和記憶的看法也讓我們誤入歧途。就連大學生的觀念也可能和我們一樣不正確，儘管他們一定都具備充分的學習技巧，畢竟他們都有辦法上大學了。

最根本的問題是，只要講到學習，我們都相信越簡單越好。然而，其實是越難越好。羅伯‧畢約克（Robert Bjork）是個有名的學者，專攻成人學習行為；他在二十多

年前就掌握到這個概念，提出「有益的困難」（desirable difficulty）這樣的主張。[10]如果學習過程中能安排一些困難、障礙，就能大幅提升對學習內容的長期記憶。

這似乎有違常理。一般來說，心智理論讓我們覺得，如果持續練習直到這件事對你來說很容易，代表你更了解這件事，你已經學會了。然而，這並不意味著學習過程很容易，學習效果就最好。事實上，如果更深入探索學習內容，學習效果會更好，但過程中就得投入更多心力，而不是輕鬆學習。

學生當然懂這個道理，他們明白課程內容最好要複習兩遍，而不是一遍；知道複習時也要劃重點，不能只看過去就好；也曉得考試前要複習，不要覺得有去上課就都懂了。不過，他們也有一些誤解（錯誤信念）。以下釐清幾個學習觀念：

1. 做筆記：比起電腦打字，手寫做筆記產生的學習效果會更好。不僅能提升考試表現，而且能記得比較久，幾個月後還不會忘。為什麼？因為現在的學生太擅長鍵盤打

10. 請 見 Bjork, J. (2018). Being suspicious of the sense of ease and undeterred by the sense of difficulty: Looking back at Schmidt and Bjork (1992). *Perspectives on Psychological Science*, 13, 146-148.

字（或傳訊息給朋友），這個動作不太需要思考，非常自動化。

但學習需要有意識地投入注意力。如果使用紙筆、用老派方式做筆記，學習效果真的比較好，因為得更費力處理，也得更專注。手寫筆記還有額外的好處，就是能把筆電放一邊。我們太容易上課時就用筆電做別的事而分心，例如檢查一下電子郵件、查一查電影放映時間，確定一下球賽的比數等等。

2. 劃重點：閱讀時劃重點比單純閱讀來得費勁，但其實也沒差多少，這個動作根本不用動腦筋。此外，如果有劃重點，考前就會想再讀一次之前標記的內容。然而，重讀別人寫的內容是個滿爛的學習策略。[11]

比較好但比較難的做法是用自己的話寫下讀過的內容，貼個便利貼或在講義邊緣寫下你的想法和問題，自問自答，解釋給自己聽。這樣比較有用，因為試著解釋更費工也

11. 讀第一遍時邊劃重點其實幫助不大。不過也有方法能讓劃重點變成有效的學習策略，請參考 Miyatsu, T., Nguyen, K., & McDaniel, M. (2018). Five popular study strategies: Their pitfalls and optimal implementations. *Perspectives on Psychological Science*, 13, 390-407.

更深入。

3. **老師的教材**：你可能還記得曾經抱怨老師的板書又小又
   難懂。清楚的教材能提升學習效果，這件事好像根本不
   用懷疑；但研究顯示，如果字跡比較難閱讀，學習效果
   會比較好。當然，難讀也要有限度，字跡無法辨識就無
   法傳達任何訊息。不過，如果只是得比較費力解讀可辨
   識的內容，學到的東西會比較多，也記得比較久。

　　再強調一次，秘訣在於投入更多注意力，就算是很實際
的銜接內容、整理脈絡，也能促進大腦更深入處理接收到的
訊息。就連看起來很瑣碎的障礙都有幫助。如果教材的字型
有點不清楚（但還能辨識）或是用手寫成的（明顯不整
齊），我們會學得比較好。相反的，使用清楚、一致、機器
印刷的教材，學習效果就沒那麼好。[12]

　　也就是說，老師費盡心力製作完美的投影片必然無助於
學生學習。儘管學生都喜歡這種教材，還是得節制點使

12. 請 參 考 Rosner, T. M., Davis, H., & Milliken, B. (2015). Perceptual blurring and recognition memory: A desirable difficulty effect revealed. *Acta Psychologica*, 160, 11-12. 以及 Diemand-Yauman, C., Oppenheimer, D. M., & Vaughan, E. B. (2011). Fortune favors the bold (and the italicized): Effects of disfluency on educational outcomes. *Cognition*, 118, 114-118.

用。在黑板上畫出、寫上教學內容，讓學生自己做筆記，有助於更深入的思考和消化。只要能違背我們的直覺，讓教材沒那麼清楚明白、條理分明，就有益學習，而不是阻礙學習。

4. **考試**：學生痛恨突擊考試，但研究顯示這很有用。頻繁考試對學習有幫助；自我測試——學生自己出題自己作答——也有用。考試有用的關鍵原因（同樣）在於需要想更多，也得更深入處理訊息；光是眼睛看、耳朵聽地接收訊息就不用那麼費力。總之，考試更麻煩，所以學習效果更好。整個學期安排很多小考也能讓學生按部就班學習、準備，而不是一口氣囫圇吞棗；這麼做也能提升學習效果。

　　學生大多不甘願利用這些有益的困難，因為如此一來就得早早開始投入更多心力，但這就是重點、這就是為什麼有益的困難真的有幫助。投入更多心血導致更好的分析處理，也產生更持久的記憶和學習效果；這種情況、這種做法比較困難。學習如何學習，本身也很困難，但有幫助。

怎樣變聰明？

我們深信學習過程中，智力不能少——學習需要聰明才智。不過大人和小孩常常誤解這句話的意思，因為他們一般對聰明才智的看法對學習的幫助不大。史丹佛大學的心理學家卡蘿·杜維克（Carol Dweck）花了三十多年研究一般人對聰明才智的誤解，以及誤解造成的影響。

杜維克和學生發現，一般人看待智力主要有兩種看法，她以兩種心態（mindset）來形容。[13] 很多大人、小孩具備「定型心態」（fixed mindset），也稱作實體理論（entity theory）。他們認為，智力像個實體般存在，固定不變，而且不同人有不同的量。如果你很聰明，你擁有的智力就比較多；如果沒那麼聰明，你擁有的智力就比較少。智力的總量不會改變，但在不同情境、任務之下，例如解決問題、考試、負責專案等等，智力可以顯現出來或隱藏起來。對付一份考試或在教室、工作坊、評鑑等教學情境下學習時，就是展現你（定型）智力的時刻。

相較之下，有些大人、小孩則抱持著可塑性強的「成長心態」，也稱作智力「增長理論」（incremental theory）。他

---

13. 關於卡蘿·杜維克、她的心態研究，以及研究的歷史發展，可參考這篇簡短的綜述 Dweck, C. (2017). The journey to children's mindsets—and beyond. *Child Development Perspectives*, 11, 139-144. 另一個比較長但也很好讀的論述就是《心態致勝》（*Mindset: The new psychology of success*）一書。

們明白不管原本多聰明，智力總是能改變：智力可以提升，你能變得更聰明。具備成長心態的話，解決問題是為了變得更聰明，而不是為了證明自己有多聰明。挑戰、挫折、投注大量心力都是學習很重要的一部份，這些都能讓你變得更聰明。杜維克研究小孩解決問題的能力時，有些小學生遇到困難會說：「我好愛挑戰」、「我原本希望這個能難一點」或「錯誤是我的好朋友」等諸如此類的話，這讓杜維克起初非常驚訝。[14]

　　然而，對抱持定型心態的人來說，挑戰、挫折和投注大量心力都充滿風險，因為可能讓自己或他人覺得自己不夠聰明。

　　很多大人、小孩都抱持定型心態，但研究顯示成長心態比較符合實情。你真的可以學得更多（補充說明 13.1）。

補充説明 13.1：

如何讓小孩培養成長心態

當然，你現在的想法可能已經深根蒂固，很難調整或徹底改變。對此，杜維克在她的著作《心態

14. 這些言詞代表小孩已經開始欣賞有益的困難帶來的好處。

致勝：全新成功心理學》裡提供了一些建議。

家長和老師都知道自尊對小孩有多重要，而且很多人常建議家長、老師要多稱讚小孩的聰明才智和能力。這些建議認為，要持續、頻繁地稱讚小孩，因為這麼做能提升、肯定小孩的自信、自尊和努力。

然而，杜維克的研究顯示，這種讚美常常適得其反。稱讚小孩的聰明才智會讓小孩產生定型心態，並且討厭挑戰。在她的研究中，被稱讚很聰明時，小孩都很開心；但如果他們遇到挫折，定型心態會讓他們認為自己的能力有限，自己的聰明才智不足以解決問題，他們的表現馬上變差。相反地，有些小孩因為他們在過程中的付出而被稱讚，像是他們很努力或採用很好的策略等等；這種稱讚稱為「歷程讚美」（process praise）。如果小孩認為這些是自己表現好的原因，意味著他們抱持著成長心態，而且將困難視為提升能力、學習新事物的契機。

研究顯示，就連擁有成長心態的家長或老師，都可能很難向小孩傳達這樣的心態，因為他們的言行舉止和心態並不一致。杜維克最新的研究顯

示，很多支持成長心態的家長和老師無法好好運用歷程讚美。小孩受挫時，這些大人的反應也是焦慮或擔心小孩的能力。比較具備成長心態的反應則是讓小孩理解，困難、失敗和困惑迷惘都不是壞事，這些事情都是在為接下來的進展鋪路。

一直都在運作、一直都在影響

　　心智理論的影響或大或小，有時顯而易見，有時隱微難察。從社會層面來看，心智理論形塑了法律和倫理的規範、書面及圖像的表現手法，以及螢幕媒體的安排呈現。從個人層面來看，心智理論形塑我們的感受、送禮的思維、教學和學習的方式，或決定我們能不能持續學習。在大人、小孩身上，心智理論一直都在運作，而且也能連結過去和現在的自己。對於決定我們過去、現在、未來是什麼樣的人，並且影響這些自我如何聯繫，心智理論都是非常根本的要素。

讀心：我們因此理解或誤判他人意圖的心智理論

第十四章

各式各樣的故事、理論與心智

　　《灰姑娘》的故事很典型，主角面對壓迫仍保有尊嚴、擁有高尚品德（及美貌），最後善有善報。我們記得的版本大概都是格林兄弟的故事，或是 1950 年代迪士尼的動畫，以及兩者的變體。不過，《灰姑娘》的故事可能比我們想得還要具代表性、可追溯到更久以前。希臘人就有洛多庇斯（*Rhodopis*）的故事。洛多庇斯是個身為奴隸的希臘少女，某次洗澡時她的草鞋被老鷹叼走，落在法老王的大腿上。法老王因此派人尋找鞋子的主人，見到洛多庇斯後為之傾倒，最後娶她為妻。

　　民俗學家認為，這個故事可說是極為普遍，幾乎每個文化、時代都會出現類似的故事，像西元八世紀就出現中國的版本。此外，阿拉伯版本等好幾百種變體也都廣為流傳、馳名古今。我們現在也有電影版，如《完美的謊言》（*Lying to be Perfect*）、《艾莉：現代灰姑娘》（*Elle: A Modern Cinderella Tale*）；歌劇版的《灰姑娘》（*Cendrillon, La Cenicienta*）；還有給成人看的小說《醜姊姊的自白》（*Confessions of an Ugly*

Stepsister）以及童書《午夜的貝菈》（*Bella at Midnight*）。

我在這本書裡用了很多故事說明心智理論的運用，像是莎士比亞的作品、《時人》（*People*）雜誌的故事、漫畫情節和童書內容。故事訴說我們的生命樣貌、仔細呈現各式各樣的人。敘事的力量和魅力幾乎無所不在，描繪人類生命與所作所為的故事、八卦、戲劇都深深影響、吸引著我們。而構成故事的宇宙其實非常複雜。

《灰姑娘》的故事由灰姑娘的身份（繼女兼女僕）、他人的身份（繼母、仙女教母），以及灰姑娘的行為（打掃清潔、參加舞會）構成。以此為基礎，隨著事件一一開展，整個故事仰賴灰姑娘的欲求（想參加舞會）、想法（能去成舞會根本是妄想）以及重重阻礙（她得完成堆積如山的家事）來塑造灰姑娘的行為和情緒。《灰姑娘》也運用了很多元素，像是秘密、謊言、謎團、線索、錯誤信念、超凡個體等等，這些都是和心智理論相關的概念，也是本書討論的內容。灰姑娘參加舞會時隱瞞了自己的身份，唯一的線索是遺落的玻璃鞋；她的姊姊爭先恐後地試穿玻璃鞋，謊稱自己是玻璃鞋的主人；仙女教母的想法、計畫、施法製造的假象等等這些元素都將故事串在一起。

《灰姑娘》的敘事——其實所有敘事——都牽涉到心智，由心智串起情境和行為，構成故事。不管是像灰姑娘一

般簡單的原型，或是像伊莉莎白·班奈特一般層次豐富的人物，小說中的角色都展現出複雜的行徑、呈現出多樣的想法；但我們都能輕易理解，並感同身受。能這麼做，都要歸功於心智理論。

如果沒有心智作為基礎，作者無法寫小說、讀者無法讀懂小說。作者創造出具有說服力的人物，靠得是編造人物的欲求、想法、感受、計畫、期望、偏好和行為，並且安排這些元素順應或阻饒人物的意圖；也就是說，一切都在心智理論的架構下進行。如果這些細節符合我們一般對人心的解讀，故事裡的人物就變得真實可信。這就是為什麼故事無法全然徹底地虛構。故事必須以讀者明白的日常心理學為基礎，不然讀者無法產生共鳴。

就像那些尋找外星智慧研究院（SETI，Search for Extraterrestrial Intelligence Institute）的天文學家，他們試圖在宇宙中尋找外星生命的跡象時，也遇到同樣的問題。試想一下：真的有一種外星生命和人類沒有任何共通點，對人類來說完全陌生，陌生到我們不可能辨識出他們，無法查覺他們的訊號、互動模式和足跡。我們可能完全不會注意到他們，因為我們和這種生物沒有任何共同的基礎，完全無法理解他們。因此，更別說能聯繫上這樣的生命體、和他們溝通了。如果他們就出現在我們眼前，有任何人能辨識得出來

嗎？我們的心智理論雖然和橡皮筋一樣能伸縮、變形，但再怎麼延展也無法做到這種程度。

　　科幻小說作者也得處理這個問題。他們筆下的外星人不能超出心智理論理解的範圍，否則作者和讀者都無法理解，也就不會有故事產生。因為同樣的原因，我們一點也不意外，被外星人綁架的人類總會表示，外星人想要某些東西（性、消息或資源）、有想法（心電感應也算）、圖謀不軌等等。

我們賴以為生的故事

　　很多人會對《灰姑娘》的故事原型產生共鳴，覺得和自己的生命有相似之處。他們會把這種廣為人知的尋常故事連結到自己個人的生命經驗。而描述自己的生命故事，也就是自傳，大多和自我認同密不可分：幫助我們釐清自己生命中的轉折與變化，以及始終如一之處。心理學家丹‧麥克亞當斯（Dan McAdams）在 1993 年出版的著作《我們賴以為生的故事》（*The Stories We Live By*）中主張，我們看待人生的方式，是將個人的生命歷程組織成一個完整的敘事，也就是把人生故事化。

　　查爾斯‧狄更斯（Charles Dickens）最具自傳色彩的作

品《塊肉餘生記》（*David Copperfield*）就是個很好的例子。狄更斯在作品的開頭寫道：「不論我是否將成為我人生的主角，或是將由他人主宰我的一生，本書必會交代。」[1] 他運用自己的生命故事創作小說。也有其他偉大的作家以別人的生命故事為本創作，就像希臘悲劇作者索福克里斯（Sophocles）向我們訴說伊底帕斯的悲劇。心理學家接著也可能以利用這些「虛構的」生命：佛洛依德主張，每個人小時候其實都活了一遍伊底帕斯的故事。有些故事非常精準地捕捉了我們的想法，進而變成更深入理解、認識人事物的模板。

認知科學家將每個人如何記得自己的人生稱作「自傳式記憶」（autobiographical memory）。學齡前時期，這些連結事件與自我的記憶就出現了；再早一點，關於自身行為和經歷的故事，則由家人、親屬講給我們聽，並參雜在自傳式記憶裡。青春期時，生命故事更拓展、更連貫，也更像故事了，並且更加定義了我們是怎麼樣的人。通常是在青春期時，青少年試著替自己的生命找到一條故事線。故事可能包

---

1. 狄更斯的《塊肉餘生記》一開始從 1849 年 5 月連載至 1850 年 11 月，1850 年才集結成冊，由倫敦的布雷博理與伊凡斯出版社（Bradbury & Evans）出版。書的全名為：《布倫德斯通貧民窟的大衛‧考柏菲爾德之個人歷史、歷險、經歷和觀察》（*The Personal History, Adventures, Eperience and Observation of David Copperfield the Younger of Blunderstone Rookery*）。

括學到的教訓或讓自己墮落的罪行；也可能是受人宰制或自己作主的故事；也可能是始終如一或變化無常的人生經歷；自己在故事裡可能是英雄或受害者。青少年、青年漸漸替自己的生命找到基調、建構出屬於自己故事，解釋他們一路走來，為什麼成為這樣的一個人。

其中，美國人特別常用一種敘事方式描述自我認同，麥克亞當斯稱之為「救贖式故事」（redemptive story）。這種故事講得是主角以毅力和勇氣面對險惡的世界，克服苦難與挫折，最後獲得成功或幸福。主角不僅打造了一個正向的生命歷程，也對其他人產生正面的影響。麥克亞當斯表示：「美國人好像很喜歡救贖式的生命故事，這類故事有很多變化，包括宗教方面的救贖、社會階層的向上流動、自我解放與自我療癒。」從解放黑奴的林肯（Abraham Lincoln）、黑人民權鬥士羅莎‧帕克斯（Rosa Parks）、黑人總統歐巴馬（Barak Obama）、美國外交官及第一夫人愛蓮娜‧羅斯福（Eleanor Roosevelt）的生命故事到《灰姑娘》，我們從中看到（也學到）許多救贖式故事。

自傳──我們的故事，並不是由許多事件隨機組成；自傳刻劃了生命歷程中我們的心智活動和行為舉止，這些行為舉止也都是由我們的心智產生。自傳和其他故事都一樣，都得用上心智理論來塑造角色；以自傳的情況來說，這個角色

就是你自己。自傳包括了一個人的想法、欲求、期待、行為、感受和計畫。我們運用心智理論整合這些心理狀態，讓我們可以理解自己，並創造出自己賴以維生的故事。

故事無所不在[2]，而支撐這些故事的就是心智理論，心智理論影響了我們對事實和虛構、對與錯、感受與想法、朋友與敵人、學習與失敗的認知。

心智理論造成的自我欺騙和錯誤

人為疏失就和故事一樣無所不在，而且也可能受心智理論左右。讀到這裡，你應該知道心智理論根本超時運作，而且心智理論的產物並不完全可靠。我們可能誇大自己的生命故事，例如用很多試驗和苦難修飾、（為了創造救贖式的生命故事而）忽略或（為了彌補式的人生故事而）過度看重自己的惡行罪狀。自我敘事包括或大或小的錯誤，這些錯誤甚至能騙過我們自己。我們的讀心能力有可能出錯，因為心智理論永遠都是詮釋、建構出來的，而不是事實。從我們對情緒的誤解和理解來看，這個道理就一清二楚。

2.　這是心理學家傑羅姆‧布魯納（Jerome Bruner）有名的主張，他認為人類有能力透過故事了解自身所處的人際社會，而且也總是運用這個能力來了解。可參考他的著作《實際的心靈，可能的世界》（Actual minds, possible worlds）。

對情緒的理解與誤解

某方面來說，我們都擅長解讀情緒。我們觀察別人的情緒，根據我們希望引發的情緒來做決定。我們追求某些東西，因為我們覺得這些事物能讓我們快樂；或者，我們會避開某些東西，因為我們害怕這些事物會激怒別人。

雖然我們和情緒朝夕相處、關係密切，但關於情緒，我們不知道的可多了。有時候我們對自己或他人的情緒反應感到困惑不解；有時候我們希望可以改變自己的情緒，但不知道怎麼做。這些狀況及其他相關問題，都源自於我們一般對情緒的看法，而這些看法有其侷限。

威廉・詹姆斯是公認的美國心理學之父。他出生於書香世家，弟弟是著名作家亨利・詹姆斯（Henry James）；他和思想家拉爾夫・沃爾多・愛默生（Ralph Waldo Emerson，他的教父）、作家馬克・吐溫、數學家伯特蘭・羅素（Bertrand Russell）、政治學者沃爾特・李普曼（Walter Lippmann）等人都是朋友。威廉・詹姆斯著作甚豐，見解獨到，書寫主題廣泛遍及宗教、教育、實用主義等，當然也包括心理學。哈佛大學的第一堂心理學課程由他任教，而他的專書《心理學原理》（*The Principles of Psychology*）則是心理學的開創性著作，對當時的學界影響甚巨，至今也仍是經典。他是十九世紀末最具影響力的思想家

之一。

《心理學原理》討論的很多內容，現在都是標準的心理學主題，像是思考、學習、意識、本能、自由意志和情緒。[3] 詹姆斯在書中通常會先描述一般人對某個現象的普遍理解，接著娓娓道來更深入的詮釋。關於情緒，詹姆斯先寫道：「常識告訴我們，我們失去財富時，會感到難過並且會哭泣；遇到一隻熊時，會感到害怕，並拔腿就跑；被敵人羞辱時，會感到憤怒並馬上反擊。」

詹姆斯將情境和物體稱作「世界的傢俱」，他認為情境和物體會直接引發基本的情緒，例如害怕、生氣、厭惡和愉快。遇到蛇，我們很害怕；找到蜂蜜，覺得開心；被某人推了一把，很生氣；吃到難聞發霉的食物，感到噁心反胃。我們一般的情緒理論屬於心智理論的一部分，是個「情境主義」（situationist）的理論：情境（世界的傢俱）引發可預期的情緒反應。

有時候，我們能訓練自己克服這些標準的情緒反應，例如我們會變得害怕小狗，或是開心地吃味道濃烈的林堡起司。不過，要能克服原本標準的情緒反應，我們也知道得經過認真的學習和文化適應，畢竟最原始的情緒反應具有強大

---

3. 威廉・詹姆士於 1890 年出版的《心理學原理》第二卷提到人類的情緒（也提到感知、認知、本能和意識）。

的力量。

　　更複雜的情緒像是羞恥和罪惡感，則需要更複雜的處理消化。羞恥不只是一般的害怕或擔心，而是擔心或害怕其他人或更好的自我在評斷自己的行為，認為我們逾越了重要的行為準則。不管如何，至今「情境主義」的觀點仍很盛行。研究情緒的學者保羅・艾克曼研發了一套影響力十足的臉部動作編碼系統，用來辨別、分類「每個臉部表情」。他最根本的主張認為，不管是西方人、東方人，或以採集狩獵為生的人，全世界的人類有一套標準模式來表達情緒，例如感到滿足、興奮、恐懼、憤怒和厭惡的表情都一樣；辨識這些情緒的方式也相同。[4] 他偵測謊言和欺瞞的方式，也是以這個主張為基礎建構起來。

　　為了證實他的主張，艾克曼安排了一些情境進行實驗；他認為這些情境都能在所有文化中引發強烈、相同的情緒，例如好友的到來會引發快樂的情緒、聞到散發腐敗惡臭的東西會導致厭惡噁心、遇上具攻擊性的掠食者則會感到恐

4.　保羅・艾克曼（第二章說謊的研究也有引用）1970 年代進行了影響深遠的研究，將臉部表情根據情緒（喜愛、恐懼、憤怒、驚訝）分類。根據他的研究，艾克曼主張情緒辨識是天生、直接又普遍的能力，不分族群、文化差別。然而，當代研究顯示，情緒辨識並不是普世皆然，而且不同社會如何解讀產生情緒的心理因素也各不相同。關於這些議題和數據，可參考這篇簡明的綜述 Gendron, M., Crivelli, C., & Barrett, L. F. (2018). Universality reconsidered: Diversity in making meaning of facial expressions, *Current Directions in Psychological Science*, 27, 211-219. 艾克曼的臉部動作編碼系統至今仍是很重要、被廣泛運用的工具，這個系統能根據臉部肌肉的運動來辨識表情、將表情編碼。

懼。他預期這些情境能產生相應的反應，就是典型情境主義的情緒理論。

然而，也有其他觀點認為，情緒體驗充滿很多心智理論的概念，比詹姆斯或艾克曼認為的還要多。姑且稱這個觀點為「認知主義」（cognitivist）的情緒理論。認知行為療法（Cognitive behavioral therapy，CBT）就是個很好的例子。認知行為療法有很多變化，不過整體來說是目前憂鬱症和焦慮症療法中，最根據實證研究的治療手段。認知行為療法也發展出一套方法，能讓人更了解自己。

亞倫・貝克（Aaron Beck）是認知行為療法的開拓者；關於如何運用認知行為療法治療憂鬱症，他的理論至今都備受重視。[5] 他認為，情境、感受、行為，和想法在我們的生命中隨時都在產生作用，而且彼此互相影響。其中，想法的力量特別大，連像生氣或害怕等最簡單的感覺都受想法影響；但我們常常忽略想法的力量。此外，想法也是處理更複雜問題的關鍵，例如憂鬱症、失敗恐懼、適應不良、焦慮、罪惡感和成癮。這一派的認知行為療法認為，「扭曲的

5. 認知行為療法是一種心理治療，幫助有情緒疾患、憂鬱症、焦慮症的患者改變自身扭曲的想法。有認知行為療法之父的亞倫・貝克建立了廣為運用的貝克憂鬱量表（Beck Depression Inventory），用來協助診斷、治療憂鬱症。大衛・柏恩斯（David Burns）的《好心情：新的情緒療法》（*Feeling good: The new mood therapy*）開頭幾章有描述這個療法，淺顯易懂。

想法」與「由感受導致的適應不良行為」兩者的交互作用造成痛苦、壓力和心理健康出狀況。改變扭曲的想法——也就是錯誤信念,就能進而改變情緒和行為。認知行為療法就是根據認知主義的情緒理論,透過處理認知來解決情緒問題。

　　認知行為療法中,有個關鍵技巧是請患者說一說自己的心智理論和情緒理論。接著,治療師會挑戰患者的說詞(或是患者自己試著挑戰自己的想法),藉此重新組織、修正他們想法中功能異常的部分。舉例來說,有些憂鬱症患者總是過度解讀心理狀態,因而產生負面的情緒反應。如果他們在演講,他們可能會覺得觀眾心裡都在想「這是什麼愚蠢的看法」、「為什麼講者要穿得這麼正式(或這麼隨便)?」或者覺得「好無聊,講這些又怎樣?」他們的負面情緒影響了他們的行為表現,也慢慢地讓他們出現憂鬱症症狀。

　　認知行為療法中,這些人會學到幾種不同的想法:

1. 他們解讀心理狀態後產生的想法就只是想法,而且這些想法可能會錯得離譜。

2. 他們的想法不需要引發情緒。

3. 情緒不一定和某個想法有關(是想法和情緒的連結出了問題,需要調整的是這個連結)。舉例來說,如果你一講起話來就覺得焦慮,這並不代表你真的在害怕什麼事

情，可能只是很一般、能預期的緊張反應。

如果大家更能洞察自身的情緒、採用這樣認知主義的情緒理論，就能將自己的情緒掌握得更好，也比較不會感到沮喪或焦慮。

這一套情緒理論有其歷史淵源，不同領域也有類似的看法。古希臘羅馬時期的斯多噶學派相信，人應該利用邏輯和感知，來屏棄會產生毀滅性情緒的錯誤信念。佛教也主張，我們對外在情境——也就是世界的傢俱——有太多的迷戀、厭惡等執著；這些都是假象，扭曲了我們世界觀、矇閉了一個更好、更平靜的生活和思考方式。

太神奇了！

有時候人為疏失是受到外力刻意觸發而產生的。魔術師一天到晚都這麼做。他們擅長製造驚人的效果，而且常常不需要用到特殊的燈光或快速的反應。（有人主張魔術能起作用是因為「手的動作比眼睛快」，但這不是大部分魔術成功的根本原因。）魔術師靠著誤導、利用我們心智的習慣、藉

由製造錯誤信念來欺騙我們[6]──這些都是心智理論管轄的範圍。

　　想像一下，有個魔術師在你眼前將一顆紅色的球拋向空中。他丟了第一次，拋出球後手就握起來；接著，球落下時再張開手接住球。他再丟一次球，完全重複前一次的動作。第三次他丟球時，球竟然就消失在半空中了。魔術師不可置信地盯著自己的手，揮了揮沒接到任何東西的手、盯著球應該落下的位置。此時大家倒抽了一口氣。

　　你發誓自己有看到球消失在空中，但球當然不可能憑空不見。怎麼做到的呢？答案是誤導。

　　魔術師前兩次丟球時，他在訓練你觀看、期待這顆球運動的方式：向上飛又落下、向上飛又落下。他的手張開又合起來，接著又開張手接球；他的視線也隨著球的運動軌跡看上看下。第三次他作勢丟球，不過手還是緊握著球沒丟出去，但他的視線仍照著球之前的軌跡移動，向上看又向下看。他的視線向下看時（你也向下看），他暗中輕巧地將球移到另一隻手上。最後，他張開原本丟球的手，作勢要像前兩次一般接球，但他的手卻什麼也沒抓到。哇哈！魔術師最

6. 關於魔術運用的心理機制，這篇簡短的學術文章解釋得很好 Kuhn, G., Amlani, A., & Rensink, R. (2008). Towards a science of magic. *Trends in Cognitive Sciences*, 12, 349-354.

後盯著，並驚訝地揮舞著這隻什麼都沒接到的手。

通常這個把戲有個收尾：驚訝幾秒鐘以後，魔術師會將另一隻手伸向空中某個球應該會經過的位置，好像憑空拉出了那顆球一樣。大家又再次驚呼。

透過我這樣描述，應該很難相信這個把戲會成功騙倒觀眾，因為再明顯不過了。但這就是「心理強迫」（mental forcing）的力量。魔術師強迫你的心智去預期和觀看特定的東西。事實上，就算你知道這個把戲的真相，好的魔術師仍然能製造同樣的效果，讓你再次看著球憑空消失。

這個把戲和很多其他魔術都一樣，魔術師的動作都在你眼前以正常速度進行。這也是騙局的一部份：觀眾不相信自己會沒看到、不覺得自己會沒發現這麼明顯的事情。會這麼認為，就是受到心智理論的影響：一般覺得發生在眼前的動作一定再明白不過了。然而，這個想法本身就是一個錯誤信念。

新手魔術師仍受到這種心智理論思維的束縛，飽受「魔術師的心虛」折磨，認為觀眾馬上就會看破他的手腳。資深的魔術師訓練徒弟時，不僅要協助徒弟提升變魔術的技巧，也必須向他們保證，怕被看穿的恐懼其實沒什麼根據。通常來說，新手魔術師是一邊懷抱著穿幫的恐懼，一邊在公開場合表演，藉此多練習、多累積經驗，才慢慢克服原

本的心理障礙。

　　魔術師也曉得，別在三歲小孩面前變魔術。三歲小孩通常的反應都是「嗯哼，就這樣？」因為要到四五歲時，小孩才開始明白錯誤信念，看魔術表演時也才會感到驚訝和佩服。他們知道就算眼睜睜看著事情發生，人都還是會被騙。「誒？我都有在看啊，怎麼不見了？太神奇了！」

我們不知道（其實）我們不知道 [7]

　　有句北卡羅萊納的諺語這麼說道：「你不會栽在你不知道的事情上，而是會栽在你以為你知道的事情上。」這句俗語顯然講得就是錯誤信念。不過更具體來說，這句話講的是「知道」這件事，以及關於「知道」這件事的錯誤信念。

　　大部分的人覺得自己知道很多日常事物的知識。例如，腳踏車怎麼運作？為什麼地球有四季？為什麼夏天的氣溫比冬天高？

　　如果詢問成人為什麼地球有四季、為何夏天氣溫比較

---

7. 這句話出自 2002 年時任美國國防部長唐納德‧倫斯斐（Donald Rumsfeld）。當時，美國打算出兵以伊拉克，倫斯斐被問及出兵相關依據時，他表示：「據我們所知，有『已知的已知』，有些事，我們知道我們知道；我們也知道，有『已知的未知』，也就是說，有些事，我們現在知道我們不知道。但是，同樣存在『未知的未知』——有些事，我們不知道我們不知道。」

高，最常見的答案是夏天時太陽比較靠近地球。如果針對這個答案繼續問下去，大部分成人都會提到地球運行的軌道不是圓的，而是橢圓形的，這是事實。然後他們會說，所以有時候地球比較靠近太陽，有時候離比較遠。的確，平均來說，地球距離太陽大約有一億五千萬公里。不過，有時候地球處在離太陽最遠的「遠日點」時，兩者距離一億五千三百萬公里左右。有時候地球處在「近日點」時，大概離太陽一億四千六百萬公里遠。距離比較近的時候，我們有夏天；距離比較遠的時候，我們有冬天——這是一般的認知。

誒？其實，北半球冬天時，我們比較靠近太陽。美國中西部明尼蘇達州的明尼亞波利斯在 1 月 15 日時最靠近太陽，但一月是當地一年中最冷的時候。我會這麼清楚，因為我就是在明尼蘇達大學（University of Minnesota）取得博士學位。此外，一年之中，我們在北半球冬季時，都最靠近太陽；每到夏季時，我們都離太陽最遠。

所以說，答案並不是我們想的那種比較遠或比較近，而是另外一種意義上的比較遠或比較近。地軸是傾斜的。明尼亞波利斯遇上冬天時，從北半球來看，地軸是向遠離太陽的方向傾斜；同時，在南半球智利的聖地牙哥（Santiago）則是夏天，從南半球來看，地軸則是向靠近太陽的方向傾斜。對大部分人來說，就連知識淵博的人，知道的內容就到

此為止。他們接著會認為,所以離比較近代表夏天、離比較遠代表冬天。

不過等一下,地軸傾斜的角度也沒那麼大,只有傾斜大概 23.5 度。根本不會影響兩地和太陽之間的距離。如果冬天的明尼亞波利斯距離太陽一億五千萬公里,聖地牙哥只靠近太陽一點點而已,差距小到根本還是距離太陽一億五千萬公里。

其實,重點不是距離,而是太陽光抵達地球的角度不同,因而產生了四季。地軸傾斜影響了太陽光進入地球大氣層的角度,照射角度影響地球單位面積接收到的光線,大氣層的溫室氣體能吸收到太陽光熱量也因此受影響。南半球處於夏天時,地軸傾斜的方向能讓南半球單位面積接收到的光線更多,大氣層的溫室氣體也能吸收到更多太陽光的熱量,因此南半球比較熱。相反的,與此同時,北半球的明尼亞波利斯處於冬天,地軸傾斜的方向讓北半球單位面積接收到的光線變少,溫室氣體能吸收的熱量也因此減少。

解釋到這邊你大概會說:「好啦好啦!我當然不知道這些。這是天文學家才需要知道的事!」我們只要大概知道是太陽影響地球就好,細節其他人才要懂——那些人。

這麼想就太把這一切視為理所當然了。

我們的知識不只是存在於我們的腦海中,儘管我們普遍

這麼認為：這是我的大腦、我的心智、我的知識。其實，「我們」的知識存在於無數心智交織成的社群裡，也就是存在於心智共同體之中。我們並不是獨自活著，也不只是活在好幾個群體構成的一大社群之中；我們其實活在一個心智共同體裡。如果我們只能仰賴各自心智裡儲存的有限知識，人類不可能成為這麼會思考的物種。我們成功的秘訣在於，我們活在社群裡。我們其實從未獨立思考過。[8]

這個常被忽略的真相讓讀心能力顯得更加重要。我們連結彼此的心智、分享知識、互相交流。透過心智理論，我們能集結眾人的知識和生活經驗加以運用。我們卻常常視之為理所當然。我們不知道（其實）我們不知道，因為要將未知變成已知，只要靠其他人就好，輕而易舉。如此輕而易舉，正是因為心智理論盡了它的本分。

洞察人心

無時無刻，我們都試著了解他人的心智。我們觀察他人的言行舉止，推敲他人的想法、感受、期望、意圖和目標。我們希望，而且也真的能洞察他人的心境。此外，我們

8.　高估我們的知識、心智共同體，請見《知識的假象：為什麼我們從未獨立思考？》(The knowledge illusion: Why we never think alone) 一書。

也解讀、詮釋、表達自己的心境——向他人解釋、澄清自己的想法，並且根據自己的心境有所作為、和他人互動。

讀心能力必然或大或小地形塑了我們的人生，這個能力從兒童期開始扎根，持續發展、影響著我們。要能讀心，需要的就是一個架構、一個理論，也就是心智理論。

> 我們終究都得具備一個基本架構，某個解釋因果的完整系統，幫助我們不單只是理解重大事件，也能協助我們懂得構成日常的所有微小舉措和來往互動。[9]

幾乎所有定義我們為社會人的面向——如何看待事實和虛構、現實和魔幻、感受和想法、科學和神話、敵與友、對與錯，以及如何看待和他人、動物、現在還有機器人的互動——都充滿了心智理論。

9. 引自亞莫爾・托歐斯（Amor Towles）的小說《莫斯科紳士》（*A gentleman in Moscow*）。

致謝

本書的問世，有賴很多人的鼎力相助。一路上啟發、協助撰寫以及編輯、出版本書的人，我在此表達最深切的感謝。

非常感謝我的經紀人 Lauren Sharp，他任職於版權公司 Aevitas Creative Management。

謝謝出版本書的牛津大學出版社，不僅之前出版了我的兩本著作，這次更願意承擔風險，讓這個和之前兩本書類型迥異的內容付梓出版；此外，也由衷感謝我在牛津出版社的編輯 Joan Bossert。

特別感謝我的好友 John Jamison，他不僅仔細閱讀我之前相同主題的學術著作《打造心智》（*Making Minds*），還在亞馬遜網路書店寫下書評，表示他很期待作者寫一本給一般大眾讀的心智理論科普書。John 之後也仔細閱讀本書的草稿；我的同事保羅·哈里斯和艾利森·高普尼克也同樣費心閱讀，John、保羅及艾利森，由衷地感謝你們。

本書如果沒有凱倫·琳德，絕對無法完成；她陪伴著我，一起為這個寫作計畫努力。本書的一字一句都經過她巧

手改造，她用長年撰寫醫學文章及小說的專業寫作技巧，展現了條理清晰、平易近人的文筆該有的模樣，而且她給予的支持和幫助還不僅止於此。

　　一般來說，作者最後總是以感謝家人作結。我也不例外，我對家人的感謝溢於言表，非常慶幸能擁有如此充滿愛的父母、手足和親戚。我也要特別感謝最親密的家人：Ned、Daniel、Chelsea、Chase、AJ、Emma 及凱倫。多美麗的巧合，凱倫‧琳德不僅和我共同完成這本書，也是伴我四十多年的妻子。

讀心：我們因此理解或誤判他人意圖的心智理論

讀心
我們因此理解或誤判他人意圖的心智理論 (二版)

Reading Minds
How Childhood Teaches Us to Understand People

書系｜知道的書Catch on!　書號｜HC0097R

著　　　者	亨利·威爾曼（Henry M Wellman）
譯　　　者	汪冠岐
特 約 編 輯	許湞予
行 銷 企 畫	廖倚萱
業 務 發 行	王綬晨、邱紹溢、劉文雅
總　編　輯	鄭俊平
發　行　人	蘇拾平

出　　版　大寫出版
發　　行　大雁出版基地 www.andbooks.com.tw
　　　　　地址：新北市新店區北新路三段207-3號5樓
　　　　　電話：(02)8913-1005 傳眞：(02)8913-1056
　　　　　劃撥帳號：19983379　戶名：大雁文化事業股份有限公司

二 版 一 刷　2023年11月
定　　價　550元
版權所有·翻印必究
ISBN 978-626-7293-19-5
Printed in Taiwan · All Rights Reserved
本書如遇缺頁、購買時即破損等瑕疵，請寄回本社更換

國家圖書館出版品預行編目（CIP）資料

讀心：我們因此理解或誤判他人意圖的心智理論 / 亨利·威爾曼（Henry M Wellman）著；汪冠岐 譯｜二版｜臺北市｜大寫出版：大雁文化發行，2023.11
312面；14.8x20.9 公分. --（知道的書Catch on!；HC0097R）
譯自：Reading Minds：How Childhood Teaches Us to Understand People
ISBN 978-626-7293-19-5（平裝）

1.兒童心理學　2.發展心理學

173.1　　　　　　　　　　　　　　　　112015583